普通高等院校经济管理专业系列规划教材
榆林学院教材出版基金资助

Basic Accouting Experimental Course

基础会计实验教程

主　编◎刘银玲

西南交通大学出版社
·成　都·

图书在版编目（CIP）数据

基础会计实验教程 / 刘银玲主编. —成都：西南交通大学出版社，2017.6
普通高等院校经济管理专业系列规划教材
ISBN 978-7-5643-5451-0

Ⅰ.①基… Ⅱ.①刘… Ⅲ.①会计学–高等学校–教材 Ⅳ.①F230

中国版本图书馆 CIP 数据核字（2017）第 110611 号

普通高等院校经济管理专业系列规划教材

基础会计实验教程

Jichu Kuaiji Shiyan Jiaocheng

主编	刘银玲
责任编辑	孟秀芝
封面设计	何东琳设计工作室
出版发行	西南交通大学出版社 （四川省成都市金牛区二环路北一段 111 号 西南交通大学创新大厦 21 楼）
邮政编码	610031
发行部电话	028-87600564　028-87600533
官网	http://www.xnjdcbs.com
印刷	四川森林印务有限责任公司
成品尺寸	185 mm × 260 mm
印张	10.25
字数	237 千
版次	2017 年 6 月第 1 版
印次	2017 年 6 月第 1 次
定价	28.00 元
书号	ISBN 978-7-5643-5451-0

课件咨询电话：028-87600533
图书如有印装质量问题　本社负责退换
版权所有　盗版必究　举报电话：028-87600562

前　言

会计工作是一项实践性强、技术规范要求很高的工作。基础会计学是会计的入门课程，是其他会计相关课程的基础，在基础会计学中安排会计基本技能的操作练习尤为重要。因此，编写一本《基础会计实验教程》非常必要。

我们认为，基础会计学的实验课程应该兼有认知和操作两种功能。因为，学习"基础会计学"的学生都没有理论基础，而实际操作需要理论来指导。所以，编者在"基础会计实验教程"的每个实验项目中都安排了实验指导，向学生介绍会计学的理论知识，以便学生更好地完成实验内容。

整个实验教程是结合实际会计工作的操作流程来安排的，主要包括以下内容：会计基础书写训练（通过该部分的练习，让学生掌握会计工作对书写的要求，以便后续实验环节的顺利开展）、原始凭证的填制与审核、记账凭证的填制与审核、账簿的设置与启用、日记账的登记、总分类账与明细分类账的登记、对账与结账、错账更正、资产负债表的编制、利润表的编制。另外，对于实名企业均作虚拟化处理，而实名人名因会计经济业务的需要保留，但均为化名，请勿对号入座。

由于编者水平有限，书中如有不足之处，敬请使用本书的师生与读者批评指正，以便修订时改进。如读者在使用本书的过程中有其他意见或建议，恳请向编者提出宝贵意见。

编　者

2017 年 3 月

目 录

实验说明 ··· 1
    一、基础会计实验目的 ··· 1
    二、实验的内容 ··· 1
    三、实验考核办法 ··· 2

实验一 会计基础书写训练 ··· 3
    一、实验目的 ··· 3
    二、实验要求 ··· 3
    三、实验指导 ··· 3
    四、实验资料 ··· 4

实验二 原始凭证的填制与审核 ··· 8
    一、实验目的 ··· 8
    二、实验要求 ··· 8
    三、实验指导 ··· 8
    四、实验资料 ··· 22
    五、原始凭证的审核 ··· 29

实验三 记账凭证的填制与审核 ··· 30
    一、实验目的 ··· 30
    二、实验资料 ··· 30
    三、实验要求 ··· 30
    四、实验指导 ··· 30
    五、模拟企业会计核算的有关规定 ······································· 34
    六、模拟企业的经济业务 ··· 34
    七、记账凭证的审核 ··· 49

实验四 账簿的设置与启用 ··· 51
    一、实验目的 ··· 51
    二、实验要求 ··· 51
    三、实验指导 ··· 51
    四、实验资料 ··· 58

实验五 现金日记账和银行存款日记账的登记 ································· 68
    一、实验目的 ··· 68
    二、实验要求 ··· 68

三、实验指导 ··· 68
　　四、实验资料 ··· 70

实验六　总分类账与明细分类账的登记 ··· 81
　　一、实验目的 ··· 81
　　二、实验要求 ··· 81
　　三、实验指导 ··· 81
　　四、实验资料 ··· 84

实验七　对账与结账 ··· 102
　　一、实验目的 ··· 102
　　二、实验要求 ··· 102
　　三、实验指导 ··· 102
　　四、实验资料 ··· 106

实验八　错账更正 ··· 107
　　一、实验目的 ··· 107
　　二、实验要求 ··· 107
　　三、实验指导 ··· 107
　　四、实验资料 ··· 115

实验九　资产负债表的编制 ·· 121
　　一、实验目的 ··· 121
　　二、实验要求 ··· 121
　　三、实验指导 ··· 121
　　四、实验资料 ··· 126

实验十　利润表的编制 ·· 130
　　一、实验目的 ··· 130
　　二、实验要求 ··· 130
　　三、实验指导 ··· 130
　　四、实验资料 ··· 132

实验十一　会计综合实验 ·· 133
　　一、实验目的 ··· 133
　　二、实验要求 ··· 133
　　三、实验资料 ··· 133

附录　《会计基础工作规范》摘要 ·· 152
参考文献 ·· 158

实验说明

一、基础会计实验目的

《基础会计学》是一门既具有理论性,又具有较强的实践性的课程,在教学中应注意理论与实践相结合,通过手工模拟实验,帮助学生巩固理论基础知识,掌握会计核算操作的基本技能;加深对会计专业的理解和认识,提高对所学专业的兴趣;强化理论与实际的联系,培养发现问题、解决问题的能力,提高学生实际动手操作的水平,使之具备会计的基本素质。本实验教程按照企业日常会计核算的流程,以 HWD 食品厂 2015 年 11 月、12 月的经济业务为例,从基本的会计书写练习开始,对企业整个会计循环过程进行模拟操作,体现了一个综合完整的会计循环过程。通过学生仿真练习与实际操作,不仅能掌握会计书写基本规范,填制和审核原始凭证、记账凭证、登记账簿、错账更正和编制会计报表的全部会计工作的基本技能和方法,而且能亲身体会出纳员、记账员等不同会计岗位的具体工作,从而对企业会计核算全过程有一个比较系统、完整的认识,达到加强对所学会计理论知识的理解、基本方法的运用和基本技能的训练的目的,培养学生分析问题、解决问题的能力和动手操作技能。

二、实验的内容

本实验教程根据企业日常会计工作流程设置了 11 项实验,具体如表 0.1 所示。

表 0.1 实验项目及工具

序 号	实验项目名称	主要工具
1	会计基础书写训练	稿纸、各种票据
2	原始凭证的填制与审核	各种票据
3	记账凭证的填制与审核	通用记账凭证
4	账簿的设置与启用	日记账、总账、明细分类账
5	日记账的登记	现金日记账和银行存款日记账的账页
6	明细分类账与总分类账的登记	各种明细分类账的账页、总分类账账页
7	对账与结账	各种会计资料
8	错账更正	记账凭证、各种账簿的账页
9	资产负债表的编制	资产负债表
10	利润表的编制	利润表
11	会计综合实验	各种会计资料

三、实验考核办法

通过模拟实验,希望学生能够掌握企业日常业务的基本操作流程以及每个具体业务的操作技能。所以,在实验教学中对学生的考核要求是:态度端正,实验认真,掌握实验方法、基本操作技能,具有一定的分析、处理问题的能力和创新能力。以下是对学生考核的具体方法:

(1)日常操作情况占总成绩的20%,由指导教师对学生的操作情况进行不定时检查,评定出成绩。

(2)凭证、账簿、报表完成情况占总成绩的50%,指导教师检查凭证、账簿、报表完成情况并进行成绩评定,检查时应注意这些实验资料的正确性及时性和规范性等。

(3)出勤占总成绩的20%,按学生的实际出勤情况进行成绩评定。

(4)实验报告占总成绩的10%,通过批阅学生的实验报告,了解他们分析问题、解决问题的能力并评定出成绩。

实验一　会计基础书写训练

一、实验目的

通过本次实验，使学生了解并掌握阿拉伯数字的小写金额、大写金额、汉字的书写以及日期大写的标准写法，做到字迹清晰、写作规范熟练。

二、实验要求

（1）根据资料所给的文字练习文字的标准写法。
（2）根据资料所给的案例数字练习阿拉伯数字和大写数字的标准写法。
（3）根据资料所给的日期练习票据日期大写的标准写法。

三、实验指导

（一）文字书写

（1）要用蓝黑墨水或碳素墨水书写，不得用铅笔、圆珠笔（复写纸复写除外）书写。
（2）红色墨水只在特殊情况下使用。
（3）填写支票必须使用碳素笔书写。
（4）文字书写一般紧靠左竖线书写，不留空白。
（5）书写时不能顶格，一般占格距高度的 1/2 或 2/3。
（6）要用正楷或行书体书写，要求工整、规范、整洁、清晰，不得乱造汉字。

（二）数字书写

1. 阿拉伯数字书写

（1）数字应当一个一个地写，不得连笔写。
（2）字体要各自成形，大小匀称，排列整齐，字迹工整、清晰。
（3）数字要自右上方向左下方书写，倾斜度为 60 度，其左下右上不能留有较大空隙，以避免空隙处挤入数字。
（4）数字不能写满格，每个数字约占格子高度的 1/2，最多占 2/3，需留出空隙，既以备更正改错之用，又清晰美观。
（5）如所记数字是整数而没有"角""分"时，应用"00"占用角分位，不能空格或用短线代替。
（6）有圆圈的数字，如 6、8、9、0 等，圆圈必须封口。
（7）所写数字必须清晰可辨，不能"4""9"不分；"5""8"不分；"1""7"不分；"0""6"不分；"7""9"不分。

（8）"1"字不能写短，要符合斜度，以防改为"4""6""7"和"9"。

（9）"6"字起笔要伸到上半格的1/4处，下圆要明显，以防改"6"为"8"。

（10）"7""9"两个数字可以超过底线一点，所占位置不能超过底线下格的1/4。

2. 大写数字书写

（1）大写数字金额一律用正楷或者行书体书写，标准书写应该是：

零 壹 贰 叁 肆 伍 陆 柒 捌 玖 拾 佰 仟 万 亿 元 角 分

（2）不得用零、一、二、三、四、五、六、七、八、九、十等简化字代替，不得任意自造简化字。

（3）大写金额数字到元或者角为止的，在"元"或者"角"字之后应当写"整"字或"正"字；大写金额数字有"分"的，"分"字后面不写"整"或"正"字。

（4）阿拉伯金额数字前应当书写货币币种符号或者货币名称简写和币种符号。例如：人民币¥。大写金额数字前未印有货币名称的，应当加填货币名称，货币名称与金额数字之间不得留有空白。

（5）阿拉伯金额数字中间有"0"时，汉字大写金额要写"零"字；阿拉伯数字金额中间连续有几个"0"时，汉字大写金额中可以只写一个"零"；阿拉伯金额数字元位是"0"，或者数字中间连续有几个"0"、元位也是"0"但角位不是"0"时，汉字大写金额可以只写一个"零"字，也可以不写"零"字。

【例1】人民币5 820.6元，大写金额数字应为"伍仟捌佰贰拾元陆角整"。

【例2】人民币30 004.21元，大写金额数字应为"叁万零肆元贰角壹分"。

（三）中文大写票据日期的书写

票据都有有效期限，一般都是从出票日期算起。为了防止变造票据的出票日期，以达到修改票据到期日的目的，票据的出票日期必须使用中文大写。在填写月、日时：

（1）壹月、贰月前零字必写，叁月至玖月前零字可写可不写，拾月至拾贰月必须写成壹拾月、壹拾壹月、壹拾贰月。

（2）壹日至玖日前零字必写，拾日至拾玖日必须写成壹拾日及壹拾×日，贰拾日至贰拾玖日必须写成贰拾日及贰拾×日，叁拾日至叁拾壹日必须写成叁拾日及叁拾壹日。

【例3】1月15日：零壹月壹拾伍日。

【例4】1月18日：零壹月壹拾捌日。

【例5】12月20日：壹拾贰月贰拾日。

四、实验资料

（一）汉字书写练习

根据表1.1中所给汉字练习汉字的书写，做到大小均匀、字迹工整、书写标准、规范、排列整齐。

表 1.1 汉字书写练习

收到投资款		实收资本	
从银行取得借款		短期借款	
员工报销差旅费		管理费用	
购入机器设备		固定资产	
购入原材料		原材料	
生产领用原材料		生产成本	
产品完工入库		库存商品	
收到销货款		主营业务收入	
结转销售成本		主营业务成本	

（二）阿拉伯数字和大写数字书写练习

请参照表 1.2 中的书写规范，完成表 1.3 的数据书写，练习阿拉伯数字和大写数字的书写，做到书写标准规范。

表 1.2 大小写金额书写对照表

	会计凭证、账表的小写金额栏							原始凭证上的大写金额栏
没有数位分割线	有数位分割线							
	万	千	百	十	元	角	分	
¥ 0.01					¥		1	人民币： 万 仟 佰 拾 元⊗角壹分
¥ 0.20					¥	2	0	人民币： 万 仟 佰 拾⊗元贰角零分
¥ 3.00					¥	3	0	0	人民币： 万 仟 佰⊗拾叁元零角零分
¥ 41.05				¥	4	1	0	5	人民币： 万 仟⊗佰肆拾壹元零角伍分
¥ 630.06			¥	6	3	0	0	6	人民币： 万⊗仟陆佰叁拾零元零角陆分
¥ 7030.40		¥	7	0	3	0	4	0	人民币： ⊗万柒仟零佰叁拾零元肆角零分
¥ 15 436.09	1	5	4	3	6	0	9	人民币： 壹万伍仟肆佰叁拾陆元零角玖分
¥ 18 000.70	1	8	0	0	0	7	0	人民币： 壹万捌仟零佰零拾零元柒角零分

HWD 食品厂 2015 年 11 月库存现金和银行存款收付业务发生额如表 1.3 所示，请根据资料书写大写金额。

表 1.3 大写金额书写练习

序 号	金 额
1	￥ 0.70　　　人民币：
2	￥ 5.90　　　人民币：
3	￥ 16.05　　　人民币：
4	￥ 63 579.00　　　人民币：
5	￥ 76.00　　　人民币：
6	￥ 150.76　　　人民币：
7	￥ 5 430.08　　　人民币：
8	￥ 67.20　　　人民币：
9	￥ 80 004.37　　　人民币：
10	￥ 134 000.50　　　人民币：
11	￥ 109 804.60　　　人民币：
12	￥ 245.80　　　人民币：
13	￥ 123.00　　　人民币：
14	￥ 1 760.47　　　人民币：
15	￥ 16 580.04　　　人民币：
16	￥ 180 003.82　　　人民币：
17	￥ 878 000.40　　　人民币：
18	￥ 705 308.46　　　人民币：
19	￥ 270 003.79　　　人民币：
20	￥ 348 060.30　　　人民币：
21	￥ 705 302.40　　　人民币：

（三）票据出票日期大写书写练习

请根据票据出票日期书写规范，完成表 1.4 中的日期大写。

表1.4 出票日期大写练习

2015 年 01 月 05 日	日期大写：
2015 年 02 月 13 日	日期大写：
2015 年 03 月 07 日	日期大写：
2015 年 04 月 10 日	日期大写：
2015 年 05 月 18 日	日期大写：
2015 年 11 月 20 日	日期大写：
2015 年 12 月 31 日	日期大写：

实验二　原始凭证的填制与审核

一、实验目的

通过本次实验，使学生熟悉各种经济业务发生时应填制的原始凭证的种类、格式及内容，并掌握其填制的方法、技巧及审核，加深对原始凭证有效性的认识。

二、实验要求

（1）根据资料练习通用原始凭证的填制。
（2）根据资料练习自制原始凭证的填制。
（3）根据资料练习银行结算凭证的填制。

三、实验指导

（一）原始凭证的基本内容

原始凭证是经济业务发生时填制或取得的，用以证明经济业务的发生或完成情况，并作为记账依据的书面证明。由于经济业务的种类和内容及经营管理的要求不同，原始凭证的格式和内容也千差万别。但无论是何种原始凭证，都必须做到所载明的经济业务清晰，经济责任明确。因此，其一般应具备以下基本内容：

（1）原始凭证的名称。（如"增值税专用发票""中国银行转账支票"等）
（2）填制原始凭证的日期。（如办理转账支票的日期）
（3）接受原始凭证的单位名称。（如发票上填写的购货单位名称、领料单上填写的领料部门名称等）
（4）经济业务的内容（含数量、单价、金额等）。（如发票上填写的所售商品的货号、品名和规格等）
（5）填制单位签章。如果是从外单位取得的原始凭证应盖有填制单位的公章。
（6）经办人员签章。（如会计主管、制单、审核等）
（7）凭证附件。

在实际工作中，根据经营管理和特殊业务的需要，除上述基本内容外，可以增加必要的内容。对于不同单位经常发生的共同性质的经济业务，有关部门可以制定统一的凭证格式。

（二）原始凭证的填制要求

（1）正确使用与经济业务相应的原始凭证，使原始凭证与经济业务性质保持一致。
（2）填写项目要齐全，手续要合法、完备：

① 凡凭证应填写接受单位名称时，须按名称全称填写清楚；凡业务相关人员须在凭证有关栏目签字或盖章。

② 填制凭证的日期须同办理业务的时间保持一致。

③ 填写凭证时，自上而下逐行填写，并根据凭证所设计的项目逐项填列业务内容。

④ 凭证上的金额栏应按规定填写，如金额应为实物数量与单价的乘积，金额栏的空行应注销（画斜线），合计金额前应加写人民币符号"￥"，人民币大写数额应与阿拉伯数字保持一致。

⑤ 凭证上应有的图章必须齐全、印迹清楚，有关责任人员必须签字或盖章。

⑥ 填制凭证时应按照原始凭证的连续编号依次使用，不得漏号或跳号。

⑦ 一式几联的发票和收据必须使用双面复写纸套写，并连续编号，作废时应加盖"作废"戳记，连同存根一起保存，不得撕毁。区别不同联次，正确使用凭证，不得混淆使用不同联次的凭证。

⑧ 填制带有附件的凭证，应注明附件的件数和编号。

（三）常见原始凭证介绍

1. 增值税专用发票

（1）增值税专用发票的概念。

增值税专用发票是由国家税务总局监制设计印制的，只限于增值税一般纳税人领购使用的，既作为纳税人反映经济活动中的重要会计凭证又是兼记销货方纳税义务和购货方进项税额的合法证明。增值税专用发票是增值税计算和管理中重要的决定性的合法的专用发票。

（2）增值税专用发票的构成。

增值税专用发票由基本联次或者基本联次附加其他联次构成，基本联次为三联：第一联是记账联，是销货方发票联，是销货方的记账凭证，即销货方作为销售货物的原始凭证，票面上的"税额"指的是"销项税额"，"金额"指的是销售货物的"不含税金额价格"发票。第二联是抵扣联，作为购买方报送主管税务机关认证和留存备查的凭证。第三联是发票联（表2.1），作为购买方核算采购成本和增值税进项税额的记账凭证。

（3）增值税专用发票的填制要求。

第一，开票日期栏，填写开具增值税专用发票的日期。

第二，购货单位"名称"栏，填写购货单位名称的全称，不得简写。

第三，购货单位"地址、电话"栏，填写购货方单位的详细地址和电话号码。

第四，购货单位"纳税人登记号（税务登记号）"栏，填写购货方税务登记证号，共15位。购货单位"开户银行及账号"栏，填写购货单位的开户银行名称及其账号。

第五，"货物或应税劳务名称"栏，填写货物或应税劳务的名称。

第六，"规格型号"栏，用于填写货物的规格型号。

表 2.1　陕西省增值税专用发票

发　票　联

开票日期：2015 年 12 月 02 日　　　　　　　　　　　　　No. 00860790

购货单位	名　称	HWD 食品厂			纳税人登记号								612724010758634							
	电话、地址	陕西省榆林市柳营路 7 号			开户银行及账号								中国建设银行人民路支行 20063612							
商品或劳务名称	计量单位	数量	单　价	金　额									税率 %	税　额							
				千	百	十	万	千	百	十	元	角	分		百	十	万	千	百	十	元	角	分
E-1 型风机	台	5	1 300			￥	6	5	0	0	0	0	0	17			￥	1	1	0	5	0	0
合　计						￥	6	5	0	0	0	0	0				￥	1	1	0	5	0	0
价税合计（大写）×仟×佰×拾×万柒仟陆佰零伍元整																	￥ 7605.00						
销货单位	名　称	BH 机械厂			纳税人登记号								140107140107719850987							
	电话、地址	太原市解放路 28 号			开户银行及账号								中国工商银行三分行 20100354							

收款人：张红　　　　复核：　　　　开票人：张俊　　　　销货单位：

　　第七，"计量单位"栏，填写货物或者劳务的计量单位。如果是汇总开具增值税专用发票，此栏可以不填写。

　　第八，"数量"栏，填写货物或者劳务的数量，如果是汇总开具增值税专用发票，此栏可以不填写。

　　第九，"单价"栏，填写货物或应税劳务的不含增值税的单价。

　　第十，"金额"栏，填写货物或劳务的销售额。

　　第十一，"税率"栏，填写货物或劳务的适用税率或征收率。

　　第十二，"税额"栏，填写销售货物或者提供应税劳务的销项税额。

　　第十三，"合计"栏，填写销售货物的销售额（金额）、税额各自的合计数，在"金额""税额"栏合计（小写）数前用"￥"符号封顶，未封顶的增值税专用发票将不得作为购货方的扣税凭证。

　　第十四，"价税合计"栏，填写各项商品销售额（金额）与税额汇总数的大写金额。

　　第十五，销货单位的"名称""地址电话""纳税人登记号""开户银行及账号"等栏，这些项目的填写方法与购货单位有关项目基本相同。除电脑版增值税专用发票和由税务机关代开的增值税专用发票外，上述几栏必须加盖"增值税专用发票销货单位栏"戳记，凡手工填写"销货单位"栏的，属于未按规定开具增值税专用发票，购货方不得作为扣税凭证。"销货单位（开票单位）"栏，加盖单位财务专用章或发票专用章，不得加盖其他财务印章，并且根据不同版本的增值税专用发票，财务专用章或发票专用章分别加盖在增值税专用发票的左下角或右下角，覆盖"开票单位"一栏，否则不得作为购货方的扣税凭证。

2. 普通发票

（1）普通发票的概念。

普通发票是指在购销商品、提供或接受服务以及从事其他经营活动中，所开具和收取的收付款凭证。它是相对于增值税专用发票而言的，即任何单位和个人在购销商品、提供或接受服务以及从事其他经营活动中，除增值税一般纳税人开具和收取的增值税专用发票之外，所开具和收取的各种收付款凭证均为普通发票（表2.2）。

表2.2 榆林市商业普通发票

发 票 联

客户名称：榆林市SY小学　　　　2015年 12月 03日　　　　No.111000520098

编号	商品名称	规格	单位	数量	单价	金额						
						万	千	百	十	元	角	分
001	无尘粉笔		盒	1000	0.7	¥	7	0	0	0	0	0
005	木板擦		个	50	0.5		¥	2	5	0	0	
			小写金额合计				¥	7	2	5	0	0
合计金额（大写）			柒佰贰拾伍元整									

单位盖章　　　　　　　　　　开票人：张明　　　　　　　　　　收款人：李强

（2）普通发票填制要求。

第一，对需要使用复写纸填写的普通发票必须使用两面复写纸。

第二，"客户名称"栏必须填写收票单位或个人全称。

第三，"小写金额"栏最后一行，不得开具项目内容，只可填写小写合计，小写合计金额未达到最高金额的，必须以¥封口；达到最高金额的，不用封口。

第四，"大写金额"栏开票金额未达到最高金额的，必须以⊗填充。若金额栏无分隔线或字，大写前面紧靠"人民币"三字，后面到元或角结束的应写"整"或"正"字，到分的不写"整"字；小写前面紧靠"¥"，后面应该有小数点，不写"元"字。

第五，开具发票应当按照规定的时限、顺序、逐栏、全部联次一次性如实开具，并加盖单位财务印章或者发票专用章。

第六，规格、单位、数量、单价这四项内容是反映所销商品和服务项目具体面貌的，必须齐全地填写清楚，不得遗漏。（数量×单价＝金额）

第七，开票人必须认真填写其姓名或加盖私章，不能不填，或只填姓或名，或只填工号。

第八，其他要求以《中华人民共和国发票管理办法及其实施细则》规定和普通发票封面"开票须知"为准。

3. 收款收据

（1）收款收据的概念。

收款收据（表 2.3）主要指财政部门印制的盖有财政票据监制章的收付款凭证，用于行政事业性收入，即非应税业务。一般没有使用发票的场合，都应该使用收据，它是重要的原始凭证。

表2.3 收款收据

现金 账户　　　　　　　　　2015年12月03日　　　　　　　　　No.0024376

交款部门	张永红								
摘　要	投资款								
人民币（大写）	叁拾万元整	百	十	万	千	百	十	元	角	分
		¥	3	0	0	0	0	0	0	0

主管：张峰　　　会计：马洪　　　出纳：陈静　　　制票：马玲　　　复核：张峰

（2）收款收据的填制要求。

第一，收款收据要由出纳人员统一填写，相关业务人员签字确认，如直接业务员不在公司可由客服部或本部门经理代签确认。原则上当天到款当天确认，如遇特殊情况要及时到财务说明原因，最迟三日内认款，过期将不再认款。

第二，收款收据要连续使用，不得隔本、跳号、断号使用，误填作废要收齐三联并加盖作废戳记，一式三联粘贴原号位一并保存。

第三，收款收据一式三联填写要规范，字迹要清晰。

第四，入账时间要按实际认款日期填写，并在收据的左上方注明销售单号。

第五，交款单位：要与销售单客户名称保持一致，不得随意改变用户名称或简写。

第六，收款方式：要按照实际到款情况详细填写。（如现金、代收、汇款银行和账号等）

第七，人民币大、小写要相符。

第八，收款事由：要写清楚款项具体内容。（如定金、货款、尾款、前欠款等字样）

第九，代签人要先写自己的名字，还要写清被代签人的名字。

第十，整本收款收据使用完了要在收款收据封面写明自×年×月×日×号止；并且随时整理归档，在登记簿上要写清归档时间以便查找。

4. 支 票

（1）支票的概念以及基本规定。

支票（表 2.4）是出票人签发的、委托办理支票存款业务的银行或者其他金融机构在见票时无条件支付确定的金额给收款人或持票人的票据。要正确使用支票必须遵守以下基本规定：

① 支票适用于单位和个人在同一票据交换区域的各种款项的结算。

② 支票一律记名，转账支票允许背书转让。

③ 支票无金额起点限制，提示付款期为10天，自出票之日算起，到期日遇节假日顺延。

④ 签发人必须在存款余额内签发支票，对于签发的空头支票或印鉴不符的支票，银行除退票外并处以票面金额5%但不低于1 000元的罚款。持票人有权要求出票人赔偿票面金额2%的赔偿金。

⑤ 支票的必须记载事项：支票字样、无条件支付的委托、确定的金额、付款人名称、出票人签章。

⑥ 支票可以挂失止付，但失票人到付款行请求挂失时，应当提交挂失止付通知书。

⑦ 存款人领购支票，必须填写"票据和结算凭证领用单"并签章。存款账户结清时，必须将全部剩余空白支票交回银行注销。

表2.4 支 票

中国建设银行转账支票存根	中国建设银行　转账支票　　陕　支票号码 VI009875462
支票号码 009875462 附加信息 ＿＿＿＿＿ 出票日期 2015年11月28日 收款人：榆林油脂厂 金额：¥1 356.00 用途：购货 单位主管：　　会计：	出票日期：贰零壹伍年壹拾壹月贰拾捌日　付款行名称：中国建设银行人民路支行 收款人：榆林油脂厂　　　　　　　出票人账号：20063612 人民币　亿千百十万千百十元角分 （大写）壹仟叁佰伍拾陆元整　　　¥ 1 3 5 6 0 0 用途：购货　　　　　　　　　　科目（借）＿＿＿＿＿ 上列款项请从我账户内支付　　　对方科目（贷）＿＿＿＿＿ 出票人签章　　　复核　　　记账

（2）支票的填制要求。

① 出票的日期要大写，数字大写的写法是：零、壹、贰、叁、肆、伍、陆、柒、捌、玖、拾。

② 付款行名称、出票人账号：即为本单位开户银行名称及银行账号。

③ 收款人：现金支票收款人可以写为本单位名称，表明本单位签发现金支票到开户的银行领取现金；收款人也可写为收款人个人姓名，表明本单位支付给某个人的款项，收款人在现金支票背面填上身份证号码和发证机关名称，凭身份证和现金支票签字领款。转账支票收款人应填写为对方单位名称。收款单位取得转账支票后，填写好银行进账单后连同该支票交给收款单位的开户银行委托银行收款。

④ 人民币大写数字的写法是：零、壹、贰、叁、肆、伍、陆、柒、捌、玖、亿、万、仟、佰、拾。

人民币小写：最高金额的前一位空白格用"￥"字占位，数字填写要求完整清楚。

⑤ 用途：现金支票有一定限制，一般填写"备用金""差旅费""工资""劳务费"等。转账支票没有具体规定，可填写如"货款""代理费"等。

⑥ 盖章：支票正面盖财务专用章和法人章，缺一不可，印泥为红色，印章必须清晰可见，印章模糊只能将本张支票作废，换一张重新填写重新盖章。

⑦ 支票存根联可以参照正联简单填写。

5. 商业汇票

（1）商业汇票的概念及基本规定。

商业汇票是由收款人或付款人（或承兑申请人）签发，经承兑人承兑，并于到期日向收款人或被背书人支付款项的票据。它是由商业信用产生的汇票。商业汇票按承兑人的不同，分为商业承兑汇票和银行承兑汇票。要正确使用商业汇票，必须遵守以下规定：

① 在银行开立存款账户的法人以及其他组织之间必须具有真实的交易关系或债权债务关系才能使用商业汇票。

② 商业汇票经承兑后，承兑人负有到期无条件付款的责任。

③ 商业汇票允许贴现，允许背书转让。

④ 商业汇票付款期限由双方商定，最长不能超过 6 个月。

⑤ 商业承兑汇票（表2.5）到期付款人账户资金不足支付，应将汇票退收款人开户行转交收款人；银行承兑汇票的出票人于汇票到期日未能足额交存票款时，承兑银行除凭票向收款人无条件付款外，对出票人尚未支付的汇票金额每天按逾期贷款规定利率计收利息。

⑥ 银行承兑汇票（表2.6）承兑行承兑时，应按票面金额向出票人收取万分之五的手续费。

表2.5 商业承兑汇票2

出票日期 贰零壹伍年壹拾贰月壹拾日　　　汇票编号：6107240156983

付款人	全称	HMT 超市	收款人	全称	HWD 食品厂	此联收款人开户银行随结算凭证寄付款人开户银行作为传票附件
	账号	20847364		账号	20063612	
	开户银行	中国建设银行人民路支行		开户银行	中国建设银行人民路支行	
汇票金额		人民币（大写）伍拾柒万肆仟捌佰伍拾柒元整	千 百 十 万 千 百 十 元 角 分			
			￥　　　 5 7 4 8 5 7 0 0			
汇票到期日		贰零壹陆年零叁月壹拾日	付款行	行号	07135	
交易合同				地址	人民路28号	
本汇票已经本单位承兑，到期日无条件支付票款 承兑日期 2015年12月10日			本汇票请予以承兑，到期日付款 出票人签章			

表2.6 银行承兑汇票2

出票日期 贰零壹伍年壹拾贰月壹拾日　　　汇票编号：6127240176534

出票人全称	HMT 超市		收款人	全称	HWD 食品厂	
出票人账号	20847364			账号	20063612	
付款人全称	HMT 超市	行号 07135		开户银行	中国建设银行人民路支行	行号 07135
汇票金额	人民币（大写）伍拾柒万肆仟捌佰伍拾柒元整		千 百 十 万 千 百 十 元 角 分			
			￥　　　 5 7 4 8 5 7 0 0			
汇票到期日（大写）	贰零壹陆年零叁月壹拾日		付款行	行号	中国建设银行人民路支行	
承兑协议编号				地址	人民路28号	
本汇票请你行承兑，到期无条件支付			本汇票请予以承兑，到期由本行付款 承兑行签章 日期 2015年12月10日		复核	记账

（2）商业汇票的填制要求。

① 出票日期：按付款业务发生或完成的日期填制，同时按照日期大写标准书写。

② 收款人名称、账号、开户行情况：收款人名称应填写其在开户银行开户时预留的单位名称，否则银行不予付款。账号填写收款人开户账号。开户行情况填写收款人开户银行名称及行号。

③ 付款人名称、账号、开户行情况：付款人名称应填写其在开户银行开户时预留

的单位名称，否则银行不予付款。账号填写付款人开户账号。开户行情况填写付款人开户银行名称及行号。

④ 金额：小写金额：正确填写商业承兑汇票的金额。在小写数前用"￥"（或其他币种）符号封顶，一律填写到角、分；无角、分的，角位和分位可写"00"或"0"。

大写金额：大写数字金额如零、壹、贰、叁、肆、伍、陆、柒、捌、玖、拾、佰、仟、万、亿等，一律用正楷字或者行书体书写。大写金额数字到元或角为止的，在"元"或者"角"字之后应写"整"或者"正"字，不得写为"零角零分"或"零分"；大写金额数字有分的，分字后面不写"整"或者"正"字。

大写金额栏货币名称与金额数字之间不得留有空白，大小写金额应相符。

⑤ 到期日：按双方协议填写票据到期日，到期日可按日计算，也可按月计算，具体填写要求同签发日期的填写。

⑥ 交易合同号码：由于商业承兑汇票结算形式必须以真实的交易或者债务关系为前提，因此应按实际情况填写交易合同号。

⑦ 签名盖章：商业承兑汇票由付款单位承兑。付款单位承兑时，应在商业承兑汇票的第二联正面签署"承兑"字样并加盖预留银行的印鉴后，交给收款单位。由收款人签发的商业承兑汇票，应先交付款单位承兑，再交收款单位专类保管。

6. 进账单

进账单是持票人或收款人将票据款项存入其开户银行账户的凭证，也是开户银行将票据款项记入持票人或收款人账户的凭证。

银行进账单分为三联式银行进账单和二联式银行进账单。不同的持票人应按照规定使用不同的银行进账单。二联式银行进账单的第一联为给持票人的回单（即收账通知）（表2.7），第二联为银行的贷方凭证。

持票人填写银行进账单时，必须清楚地填写票据种类、票据张数、收款人名称、收款人开户银行及账号、付款人名称、付款人开户银行及账号、票据金额等栏目（各个栏目填写对照交易票据进行），并连同相关票据一并交给银行经办人员。对于二联式银行进账单，银行受理后，银行应在第一联上加盖转讫章并退给持票人，持票人凭此记账。

表2.7 中国建设银行进账单（收账通知）

2015年12月08日

收款人	全称	HWD食品厂		付款人	全称	XJY连锁超市								
	账号	20063612			账号	20187635								
	开户行	中国建设银行人民路支行			开户行	中国建设银行迎宾路支行								
金额	人民币（大写）叁仟伍佰元整					亿	千	百	十	万	千	百	十	元	角	分
										￥	3	5	0	0	0	0
票据种类	转账	张数	1											
票据号码		20151209			收款人开户行签章									
复核		记账												

7. 借款单

借款单是指因工作或业务需要在完成相关报销或付款手续之前需要提前借款办理的业务而填写的单据。一般情况下，单位员工出差时可以填写借款单，从财务处预借差旅费。

借款单（表2.8）是一式三联，分别为付款凭证联、结算凭证联和回执联。一般来讲，付款凭证联是付款后作为支付凭证的附件，而结算凭证联和回执联则记录该款项还款的情况。不同的是结算凭证是公司留底，一般作为最后一次结算该借款凭证的附件，而回执是员工留底作为结算和清账的凭证。借款时将第一联付款联作为支付凭证的附件；第三联给借款人保存，每次还款时在上面作记录，在清账后可以替代收据。第二联结算凭证联由会计保存，每次还款时由会计在上面作与回执联同样的记录，在最后一次还清时附在清账的凭证后。在填制借款单时，应该保证各栏目信息完整。"借款人"栏填写实际借款人员的名字，"所属部门"填写借款人所在的部门。"用途"填写借款的实际用途，要如实填写，不得虚拟。"借款数额"分大写和小写两栏，要填明借款的实际金额，保证大写和小写金额相等。"相关人员审核签字"栏填写各相关部门审核人员的签字，并注明日期。出纳人员在办理完借款业务后，加盖"现金付讫"公章，表明款项已经支付给借款人。一式三联根据各自用途交相关人员保管，以便日后结清款项时使用。

表2.8 借款单

2015年11月07日

借款人：张强	所属部门：厂部
用途：出差	
借款数额：人民币（大写）捌佰元整	小写：￥800.00
部门负责人审核及签字：张伟	日期：2015年11月07日
财务部门审核及签字：刘婷	日期：2015年11月07日
单位负责人批示及签字：张亮	日期：2015年11月07日

借款人取得现金确认：张强　　　　　　　　　　出纳：马梅

8. 费用报销单

费用报销单是用于现金费用报销的一种单据。报销时将其附在费用单据的上面，然后交付各级部门领导审批，由领导审核签字后，出纳给予报销。主要用途如下：

（1）用于各部门费用及专项费用报销时填写；

（2）作为差旅费报销时，需附经审批的出差申请表；

（3）属专项费用报销时，需有项目负责人签名及经审批的专项费用申请表。

费用报销单一般包含：报销部门名称、日期、报销摘要、附件张数、报销金额、备注，及部门领导签字、公司领导签字、财务审核签字、报销人签字等部分，格式可自行设计，也可自行购买适宜本单位业务的同类单据。

费用报销单填写及粘贴办法：

第一部分：填写办法

（1）报销部门：根据实际情况填写。

（2）日期：按照所报销发票上注明的最后日期确定，如报销单后附有2张发票，其中1张日期为2号，另外1张日期为3号，则报销单日期填写3号。

（3）单据及附件页数：根据实际发票张数填写。

（4）用途：根据实际情况，会有住宿费、交通费、伙食费等。

（5）金额：根据发票内容名称相同的发票上的金额合计数。

（6）备注：不填。

（7）金额大写：本张费用报销单后面的所有发票金额合计的大写数字。

（8）报销人：领导审批由公司负责人签字一次即可。

第二部分：粘贴办法

（1）将本月发生的费用发票按照日期顺序整理，发票上无日期的随意安排。费用发生后请尽可能及时填写报销单（表2.9）。

（2）一张费用报销单后附发票尽可能控制在10张以内，过路费、车票除外。

（3）如果相同日期的发票很少，可以将相近日期的发票粘贴在同一张报销单上。

（4）所有发票及发票附件一律以费用报销单正面左上角上面和左面的边距为准进行粘贴。

（5）发票要粘贴在费用报销单后面，且发票正面和费用报销单正面方向一致。过路费、车票可以平铺粘贴在费用报销单后面。

（6）按照发票面积大小顺序粘贴：较小——较大——最大。

（7）请用胶水粘贴，千万不要用订书针装订。

表2.9 费用报销单

部门：厂部　　　　　2015年11月09日　　　　　单据及附件共6页

用途	金额	备注	
交通费	¥400.00		
住宿费	¥200.00		
伙食费	¥160.00	领导审批	张亮 2015年11月09日
合计	¥760.00		
金额大写：柒佰陆拾元整	原借款：¥800.00元	应退（补）款：¥40.00元	

9. 入账通知单

银行入账通知单指客户将货款存入公司的账户，或单位自己将钱存入自己的账户，银行在收到这些钱后，打印一份通知，说明钱已存入账户。入账通知书可以作为原始凭证入账，是确认款已经到账的通知书，起确认收入、记账凭证的作用。入账通知单（表2.10）一般由开户银行打印，交给开户单位。

表2.10 入账通知单

中国建设银行
2015年11月23日

付款人账号：20010228	付款人名称：HRZ超市
收款人账号：20063612	收款人名称：HWD食品厂
付款人开户行行号：07135	收款人开户行行号：07135
发起行名称：中国建设银行人民路支行	接受行名称：中国建设银行人民路支行
币种：人民币　　交易金额：￥60 000.00	
大写金额：陆万元整	
业务种类：转账	
交易日期：20151123	支付交易序号：65898572
交易种类：大额	入账日志号：405648567
委托凭证日期：20151123	委托凭证号码：17302120

10. 现金缴款单

现金缴款单是单位去银行账户上存现金时填写的凭证，一般第一联银行加盖相关印章后退给单位作为回单，第二联加盖相关印章作为银行的记账凭证，装订入传票。相关印章是指现金收讫章或业务清讫章。

现金缴款单（表2.11）上的收款人户名要填写企业名称，收款人账号填写企业在该银行的账号；然后是开户行名称，缴款人即经办人，款项来源按实际填写；最后就是金额大、小写，保证大、小写金额一致。

表2.11 中国建设银行现金缴款单

2015年11月29日

单位填写	收款单位	HWD食品厂		交款人			马梅						
	账　号	20063612		款项来源			罚款收入						
	（大写）人民币贰万元整				百	十万	千	百	十	元	角	分	
						￥2	0	0	0	0	0	0	0
银行专用栏	交易码：0810 现金存入				柜员交易号：75674546487454886								
	单位名称：HWD食品厂												
	单位账号：0210				起息日期：2015.11.29								
	币种及金额（大写）人民币贰万元整												
	（小写）RMB20 000.00												
	摘要：				任务号：125648543166879533155								

会计主管：刘婷　　　　　　　复核：　　　　　　　记账：

11. 收料单

收料单是一次性的自制原始凭证,是购货方对供应商送料或送检时提供的货品所进行描述(名称、数量、来源)的单据,以便于购货方后期对货物分拣、入库、上架管理。收料单既是交接完成的证明,也是报税的依据。

收料单(表2.12)的主要项目有供应商名称、单据编号、材料类别、材料编号、材料名称、规格、单位、数量、单价、总价等(这些项目根据购买材料取得的增值税专用发票上记载的信息填写);企业根据实际收到的原材料进行记录,最后由相关人员进行签字或盖章。

表2.12 收 料 单

供货单位:榆林面粉厂
发票号码:127483765　　　　2015年12月04日　　　　收货仓库:原材料库

| 材料类别 | 名称及规格 | 计量单位 | 数量 | | 实际成本 | | | 此联验收留存 |
			应收	实收	单价	金额	运杂费等	合计
主要原料	面粉	千克	1 000	1 000	3	3 000		3 000	

验收:黄伟　　　　保管:　　　　　　记账:张力　　　　制单:南方

12. 领料单

领料单是由领用材料的部门或者人员(简称领料人)根据所需领用材料的数量填写的单据。其内容有领用日期、材料名称、单位、数量、金额等。为明确材料领用的责任,领料单(表2.13)除了要有领用人的签名外,还需要主管人员的签名、保管人的签名等。

表2.13 领 料 单

领料单位:饼干车间　　　　　　　　　　　　　　　　凭证编号:
用途:生产椒盐饼干　　　2015年12月06日　　　　发料仓库:原材料库

| 材料编号 | 材料名称 | 规格 | 计量单位 | 数量 | | 单位成本 | 金额 | 备注 |
				请领	实发			
001	面粉		千克	300	300	3	900	
	合计			300	300	3	900	

发料人:黄伟　　　　　　领料单位负责人:王天　　　　　　领料人:孙明

13. 发出材料汇总表

发出材料汇总表是指在会计核算工作中,为简化记账凭证的编制工作,将一定时期内若干份记录同类经济业务的领料单按照一定的管理要求汇总编制一张汇总凭证，用以集中反映某项经济业务总括发生情况的会计凭证（表2.14）。

表2.14 发出材料汇总表

2015年12月31日

	领料单张数	贷方科目	借方科目/元				
			生产成本	制造费用	管理费用	其他业务支出	合 计
1—10	10	材料	412 000	48 000			460 000
11—20	6	材料	360 000	12 000	10 000		382 000
21—31	8	材料	310 000	32 000		6 000	348 000
合 计			面包：432 800 饼干：649 200	92 000	10 000	6 000	1 190 000

发料人：黄伟　　　　　　　领料单位负责人：王天　　　　　　　领料人：孙明

14. 完工产品生产成本计算表

完工产品生产成本计算表是企业对于已经生产完工的产品成本进行汇总计算，通过归集和分配直接材料、直接人工和制造费用，最后计算出各种完工产品的总成本和单位成本（表2.15）。

表2.15 完工产品生产成本计算表

2015年12月31日　　　　　　　　　　　　　　　单位：元

成本项目	饼干500件		面包300件		蛋糕300件	
	单位成本	总成本	单位成本	总成本	单位成本	总成本
直接材料	404	202 000	410	123 000	450	135 000
直接人工	184	92 000	260	78 000	330	99 000
制造费用	12	6 000	30	9 000	20	6 000
合 计	600	300 000	700	210 000	800	240 000

15. 产成品验收入库单

产成品验收入库单是企业已经生产完工，成本计算完成的产品验收入库时填写的，用来记录验收产品类别、数量、单位成本、金额的单据。它是企业准确结算主营业务成本的依据。

入库单（表2.16）的内容包括仓库的名称、入库的日期、产品名称、交验数量、检验结果、实收数量、计量单位、单位成本等信息（这些信息根据企业实际情况填写）。其实在实际工作中每个单位的入库单填写并不完全一样。有的单位的入库单还需要注明供货单位的信息。

表 2.16 库存商品（产成品）验收入库单

交库单位：面包生产车间　　　　　2015 年 12 月 19 日　　　　　第 0103 号

产品名称	交验数量	检验结果		实收数量	计量单位	单位成本	金额（元）
		合格	不合格				
面包	100	100	0	100	箱	100	10 000
合计	100	100		100		100	10 000

生产车间：张康　　　　　　　　检验人：李明　　　　　　　仓库经手人：赵辉

16. 产品出库单

出库单是对采购实物出库数量的确认，也是对销售人员和购买方的一种监控，如果缺乏实物出库的控制，不能防止销售人员和购买方串通舞弊，虚报销售量、实物短少的风险。它是企业内部管理和控制的重要凭证。

出库单（表 2.17）的内容包括用途、出库的日期、产品名称、计量单位、数量、单位成本和金额等信息（这些信息根据企业实际情况填写）。在实际工作中每个单位的出库单填写并不完全一样。

表 2.17 产品出库单

用途：销售　　　　　　　　2015 年 12 月 20 日　　　　　　　第 080 号

产品名称	计量单位	数 量	单位成本	金 额
椒盐饼干	箱	20	100	2 000
面包	箱	10	100	1 000
合 计				3 000

记账：张娜　　　　保管：　　　　　检验：　　　　　经手人：李涛

四、实验资料

根据所给资料练习各种原始凭证的填制。

HWD 食品厂的基本信息：地址，陕西省榆林市柳营路 7 号；开户银行，中国建设银行人民路支行；账号，20063612；税务登记号，612724010356745。

1. 增值税专用发票的填制

2015 年 11 月 12 日，销售给 HJY 连锁超市（地址，榆林市迎宾路 8 号；税务登记号，612724010548962；开户银行，中国建设银行迎宾路支行；账号，20187635）椒盐饼干300件，单价282元，增值税税率为17%，货款尚未收到。

陕西省增值税专用发票

发票联

开票日期：　　年　月　日　　　　　　　　　　　　No.00860791

购货单位	名称					纳税人登记号														
	地址、电话					开户银行及账号														

货物或劳务名称	规格型号	计量单位	数量	单价	金　额									税率(%)	税　额							
					百	十	万	千	百	十	元	角	分		百	十	万	千	百	十	元	角	分
合　计																							
价税合计				佰　　拾　　万　　仟　　佰　　拾　　元　　角　　分										¥									
备　注																							

销货单位	名称					税务登记号	
	地址、电话					开户银行及账号	

2. 普通发票的填制

2015年11月13日，销售给小卖部面包一批，每箱单价180元，数量5箱，金额900元。收到转账支票一张。

榆林市商业普通发票

发票联

客户名称：　　　　　　　　　　　年　月　日　　　　　No.11100520130

编号	商品名称	规格	单位	数量	单价	金　额						
						万	千	百	十	元	角	分
		小写金额合计										
合计金额（大写）												

单位盖章：　　　　　　　　开票人：　　　　　　　　收款人：

3. 收款收据的填制

2015年11月14日，收到公司员工李佳个人还款560元。

收款收据

账户			年　月　日										No.0024380
交款部门													
摘　要													
人民币(大写)				百	十万	千	百	十	元	角	分		

会计主管：　　　记账：　　　出纳：　　　制票：　　　复核：

4. 进账单的填制

2015年11月15日，收到TX商场（账号：20644012，开户行：中国工商银行榆林市分行）货款23 400元的转账支票一张。填制银行进账单存入该货款。

中国建设银行进账单（收账通知）

年　月　日

收款人	全称		付款人	全称										
	账号			账号										
	开户行			开户行										
金额	人民币（大写）			亿	千	百	十	万	千	百	十	元	角	分
票据种类		张数												
票据号码														
	复核		记账				收款人开户行签章							

5. 支票的填制

2015年11月15日，出纳王红签发现金支票提取现金960 000元备发工资。

中国建设银行现金支票存根	中国建设银行　　现金支票	陕　支票号码 009875463
支票号码 附加信息 出票日期　年 月 日 收款人： 金额：¥ 用途： 单位主管：　　会计：	出票日期：　　年　月　日 收款人： 本支票付款期限十天 （大写）　人民币　亿千百十万千百十元角分 用途： 上列款项请从 我账户内支付 出票人签章	付款行名称： 出票人账号： 科目（借）_____ 对方科目（贷）_____ 复核　　记账

024

6. 商业汇票的填制

2015年11月16日，HWD食品厂向榆林面粉厂购买面粉一批，价税合计3 510元，开出一张商业承兑汇票付款，票据3个月期限。（榆林面粉厂：账号，20011103；开户行，中国建设银行新建路支行；税务登记号，612724010356745）

商业承兑汇票

出票日期　年　月　日　　　汇票编号：612724837645

付款人	全　称		收款人	全　称		此联收款人开户银行作为结算凭证寄付款人开户银行作为传票附件
	账　号			账　号		
	开户银行			开户银行		
汇票金额	人民币（大写）		千 百 十 万 千 百 十 元 角 分			
汇票到期日			付款行	行　号		
交易合同				地　址		
本汇票已经本单位承兑，到期日无条件支付票款			本汇票请予以承兑，到期日付款			
承兑日期　年　月　日			出票人签章			

7. 借款单的填制

2015年11月7日，市场部王凯来预借差旅费1 000元，以现金支付。

借款单

年　月　日

借款人：	所属部门：
用途：	
借款数额：人民币（大写）	小写：¥
部门负责人审核及签字：	日期：　年　月　日
财务部门审核及签字：	日期：　年　月　日
单位负责人批示及签字：	日期：　年　月　日
借款人取得现金确认：	出纳：

（现金付讫）

8. 费用报销单的填制

2015年11月10日，王凯出差归来报销差旅费，原借款1 000元，实际报销1 160元，不足部分以现金补付。其中住宿费600元，交通费300元，餐饮费260元。（住宿、车票和餐票略）

费用报销单

部门：　　　　　　　　　　年　月　日　　　　　　单据及附件共　页

用　途	金　额	备注
交通费	¥	
住宿费	¥	
伙食费	¥	领导审批
合　计		年　月　日
金额大写：柒佰陆拾元整	原借款：¥	应退（补）款：¥

（现金付讫）

9. 现金缴款单的填制

2015 年 11 月 15 日，收到 HRZ 超市归还的货款 10 000 元现金，存入银行。

中国建设银行　现金缴款单

年　月　日

单位填写	收款单位		交款人									
	账　号		款项来源									
	（大写）			百	十	万	千	百	十	元	角	分

银行专用栏	交易码：	柜员交易号：
	单位名称：	
	单位账号：	起息日期：
	币种及金额（大写）	
	（小写）	
	摘要：	任务号：

会计主管：　　　　　　　复核：　　　　　　　记账：

10. 收料单的填制

2015 年 11 月 17 日，收到原生态养鸡场发来的鸡蛋 2 500 千克，每千克 10 元，价款 25 000 元，运保费 200 元，款项已支付，材料验收入库。

收 料 单

供货单位：_____
发票号码：_____   年　月　日   收货仓库：_____

材料类别	名称及规格	单位	计量	数量		实际成本				此联验收留存
				应收	实收	单价	金额	运杂费等	合计	

验收：　　　　　保管：　　　　　记账：　　　　　制单：

11. 领料单的填制

2015年11月18日，饼干生产车间领用面粉、鸡蛋两种材料生产椒盐饼干。椒盐饼干投产100件，耗用面粉200袋，每袋200元；鸡蛋1 000千克，每千克10元。

领　料　单

领料单位：　　　　　　　　　　　　　　　　　　　　凭证编号：
用途：　　　　　　　　年　月　日　　　　　　　　发料仓库：

材料编号	材料名称	规格	计量单位	数量		单位成本	金　额	备注
				请领	实发			
合计								

发料人：　　　　　领料单位负责人：　　　　　领料人：

12. 发出材料汇总表的填制

2015年11月30日，会计科人员编制发出材料汇总表。据统计，1日—10日领料单总计15张，用于生产产品的有10 000元，车间一般消耗的500元。11日—20日领料单总计10张，用于生产产品的有8 000元，车间一般消耗的300元，厂部消耗200元。21日—30日领料单总计10张，用于生产产品的有11 000元，车间一般消耗的800元，其他业务支出300元。

发出材料汇总表

年　月　日

	领料单张数	贷方科目	借方科目（元）				
			生产成本	制造费用	管理费用	其他业务支出	合计
合计							

会计主管：　　　　　会计：　　　　　制表：

13. 产品入库单的填制

2015年12月11日，饼干生产车间完工入库椒盐饼干70件，全部合格，单位生产成本600元。面包60件，全部合格，单位生产成本700元。

库存商品（产成品）验收入库单

交库单位：　　　　　　　　　　年　月　日　　　　　　　　　　第0102号

产品名称	交验数量	检验结果		实收数量	计量单位	单位成本	金　额（元）
		合　格	不合格				
合　计							

生产车间：　　　　　　　　　　检验人：　　　　　　　　　　仓库经收人：

14. 产品出库单的填制

2015年12月19日，销售给HMT超市饼干50件，面包35件，结转销售成本。

产 品 出 库 单

用途：　　　　　　　　　　年　月　日　　　　　　　　　　第080号

产品名称	计量单位	数　量	单位成本	金　额
合　计				

记账：　　　　　保管：　　　　　检验：　　　　　经手人：

15. 完工产品成本计算表的填制

2015年11月30日，本月生产产品全部完工，饼干300件，面包200件，蛋糕200件，结转完工产品成本。其中，饼干消耗直接材料140 000元，生产工人工资30 000元，分配的制造费用10 000元；面包消耗直接材料110 000元，生产工人工资25 000元，分配的制造费用5 000元；蛋糕消耗直接材料130 000元，生产工人工资25 000元，分配的制造费用5 000元。

完工产品生产成本计算表

年　月　日　　　　　　　　　　　　　　　　　　　　　　单位：元

成本项目	饼　干		面　包		蛋　糕	
	单位成本	总成本	单位成本	总成本	单位成本	总成本
直接材料						
直接人工						
制造费用						
合　计						

会计主管：　　　　　　　　　会计：　　　　　　　　　制表：

五、原始凭证的审核

为了如实地反映经济业务的发生和完成情况，充分发挥会计的监督职能，保证会计信息的真实性、可靠性和正确性，会计机构、会计人员必须对原始凭证进行严格审核。具体内容包括：

1. 审核原始凭证的真实性

原始凭证作为会计信息的基本信息源，其真实性对会计信息的质量具有至关重要的影响。其真实性的审核包括凭证日期是否真实、业务内容是否真实、数据是否真实等内容。

对外来原始凭证，必须有填制单位公章和填制人员签章；对自制原始凭证，必须有经办部门和经办人的签名和盖章。此外，对通用原始凭证，还应审核凭证本身的真实性，以防假冒。

2. 审核原始凭证的合法性

审核原始凭证所记录经济业务是否有违反国家法律法规的情况，是否履行了规定的凭证传递和审核程序，是否有贪污腐化行为。

3. 审核原始凭证的合理性

审核原始凭证所记录的经济业务是否符合企业生产经营活动的需要，是否符合企业有关的计划和预算等。

4. 审核原始凭证的完整性

审核原始凭证各项基本要素是否齐全，是否有漏项的情况，日期是否完整，数字是否清晰，文字是否工整，有关人员的签章是否齐全，凭证联次是否正确等。

5. 审核原始凭证的正确性

审核原始凭证各项金额的计算及填写是否正确，具体包括：阿拉伯数字分位填写，不得连写；小写金额前要标明"￥"字样，中间不能留有空位；大写金额前要加"人民币"字样，大写金额与小写金额要相符；凭证中有书写错误的，应采用正确的方法更正，不能采用涂改、刮擦、挖补等不正确方法。

实验三　记账凭证的填制与审核

一、实验目的

通过本次实验，使学生了解记账凭证的种类以及每种凭证的用途，掌握通用记账凭证的基本内容和填制方法，并能够根据企业经济业务独立完成记账凭证的填制，掌握记账凭证的审核要求及审核方法。

二、实验资料

（1）通用记账凭证1本。
（2）HWD食品厂2015年11月份发生的经济业务以及原始凭证。

三、实验要求

（1）根据各项经济业务的原始凭证填制通用记账凭证。
（2）按照记账凭证审核要求对所填记账凭证进行审核。

四、实验指导

（一）记账凭证的种类

从不同的角度，记账凭证可以分成不同的种类。

1. 按照记账凭证的使用范围，分为通用记账凭证和专用记账凭证

通用记账凭证是指各类经济业务共同使用的、统一格式的记账凭证。

专用记账凭证是指专门记录某一类经济业务的记账凭证。专用记账凭证按其所记录的经济业务是否与货币资金收付有关，又可分为收款凭证、付款凭证和转账凭证三种。

（1）收款凭证。收款凭证是用来记录现金和银行存款等货币资金收款业务的记账凭证，是根据有关现金和银行存款收入业务的原始凭证填制的。

（2）付款凭证。付款凭证是用来记录现金和银行存款等货币资金付款业务的记账凭证，是根据现金和银行存款付款业务的原始凭证填制的。

（3）转账凭证。转账凭证是用来记录与现金、银行存款等货币资金收付款业务无关的转账业务（即在经济业务发生时不需要收付现金和银行存款的各项业务）的凭证，是根据有关转账业务的原始凭证填制的。

2. 按照记账凭证所包括的会计科目是否单一，分为复式记账凭证和单式记账凭证

（1）复式记账凭证，是指一项经济业务所涉及的会计科目都集中填列在一张记账凭证上的记账凭证。

（2）单式记账凭证，是指把一项经济业务所涉及的每个会计科目，分别填制记账凭证，每张记账凭证只填列一个会计科目的记账凭证。

3. 记账凭证按其是否经过汇总，分为汇总记账凭证和非汇总记账凭证

（1）汇总记账凭证。是根据同类记账凭证定期加以汇总而重新编制的记账凭证，目的是为了简化登记总分类账的手续。汇总记账凭证根据汇总方法的不同，可分为分类汇总和全部汇总两种。

分类汇总凭证是根据一定期间的记账凭证按其种类分别汇总填制的。

全部汇总凭证是根据一定期间的记账凭证全部汇总填制的。

（2）非汇总记账凭证，是没有经过汇总的记账凭证，前面介绍的收款凭证、付款凭证和转账凭证以及通用记账凭证都是非汇总记账凭证。

（二）记账凭证的基本内容

记账凭证作为登记账簿的依据，因其所反映经济业务的内容不同，各单位规模大小及其对会计核算繁简程度的要求不同，其格式也有所不同。但为了满足记账的基本要求，记账凭证应具备以下基本内容：

（1）记账凭证的名称，如"收款凭证""付款凭证""转账凭证"或"记账凭证"。

（2）填制记账凭证的日期。一般用年、月、日表示，需要注意的是记账凭证的填制日期不一定是经济业务发生的日期。

（3）记账凭证的编号。通用记账凭证一般按照凭证的填制顺序进行编号。

（4）经济业务的内容摘要。将原始凭证上的内容简明扼要地概括出来，要做到语言简练、表述清晰。

（5）经济业务所涉及的会计科目（包括总账科目、明细科目）及其记账方向。总账科目根据企业会计制度规定的科目填列，不能乱造科目；明细科目按照材料类别、往来单位名称等设置填列。

（6）经济业务的金额。注意借贷方合计金额必须相等。

（7）记账标记。凡是据以登记入账的，应该在"登账"栏打"√"。

（8）所附原始凭证的张数。

（9）会计主管、记账、审核、出纳、制单等有关人员签章。

（三）通用记账凭证的填制方法

本实验以通用记账凭证为例进行练习。通用记账凭证是一种适合各种经济业务的记账凭证。采用通用记账凭证，将经济业务所涉及的会计科目全部填列在一张凭证内，借方在先，贷方在后，将各会计科目所记应借应贷的金额填列在"借方金额"或"贷方金额"栏内。借贷方合计金额数应该相等。有关人员应签名盖章，并填写所附原始凭证张数。

【例1】 HWD食品厂2015年11月1日签发现金支票,从银行提取现金2 000元备用。会计人员根据有关原始凭证填列的通用记账凭证如表3.1所示。

表3.1 记账凭证

2015年11月01日　　　　　　　　　　　　　　　　　　第__1__号

摘要	科目	子目或户名	借方金额 百十万千百十元角分	贷方金额 百十万千百十元角分	登账	
提现	库存现金		¥2 0 0 0 0 0		√	附件1张
	银行存款			¥2 0 0 0 0 0	√	
	合 计		¥2 0 0 0 0 0	¥2 0 0 0 0 0		

会计主管:刘婷　　记账:张娜　　出纳:李慧　　审核:马梅　　制单:刘楠

(四)记账凭证填制的具体要求

记账凭证填制的正确与否,直接关系到记账的真实性和正确性。因此填制记账凭证,除了要遵守填制原始凭证的要求外,还必须注意以下九点。

第一,填制记账凭证必须以审核无误的原始凭证为依据。记账凭证可以根据每一张原始凭证填制,也可以把若干张同类经济业务的原始凭证进行汇总,根据原始凭证汇总表填制。对于账项调整、结账、会计计算以及更正错账,一般没有原始凭证,但填制时要作较为具体的说明或附有自制的计算单。

第二,正确填写记账凭证的日期。记账凭证的日期一般是会计人员填制记账凭证当天的日期。根据管理的需要也可以填写经济业务发生的日期或月末日期。因此,记账凭证与原始凭证所记载的日期不一定相同。而转账凭证原则上按收到原始凭证的日期填写,但经济业务实际发生的日期应在摘要栏上注明。

第三,必须对记账凭证连续编号。记账凭证在一个月内应当连续编号,以便查核。在具体编号时,可采用统一编号和分类编号两种方法。统一编号法适用于通用记账凭证。分类编号法较适合收款凭证、付款凭证和转账凭证等专用记账凭证,其又可作两种划分:一是分为库存现金收付、银行存款收付和转账业务三类,分别起头,连续编号。这种凭证编号应分为收字第×号、付字第×号、转字第×号。二是分为库存现金收入、库存现金付出、银行存款收入、银行存款付出和转账业务五类,分别起头,连续编号。这种凭证编号应分为现收字第×号、现付字第×号、银收字第×号、银付字第×号、转字第×号。

若一笔经济业务,需填制多张记账凭证的,可以采用按该项经济业务的记账凭证数量编列分数顺序号的方法,如前面的整数为总顺序号,后面的分数为该项经济业务的分号,分母表示该项经济业务的记账凭证总张数,分子表示该项经济业务的顺序号。例如,一笔经济业务,需要编制两张记账凭证,凭证的顺序号为20号时,可编转字第20-1/2号、转字第20-2/2号。前面的整数表示业务顺序,分子表示两张转账凭证中的第一张和第二张。

对于任何记账凭证的编号,在每个会计期间(月份)都必须在当月从1号重新起编,不得采用按季或者按年连续编号。

第四,简明扼要地填写记账凭证摘要。记账凭证的摘要栏是对经济业务的简要说明,填写时既要简明,又要确切。对于收付款业务要写明收付款的名称、款项内容,使用银行支票的,应填写支票号码;对于购买材料、商品业务,要写明供应单位名称和主要商品的名称、数量;对于债权债务业务,应写明对方单位、业务经手人、发生时间等内容;对于溢缺事项,应写明发生部门、原因及责任人;对于冲销或补充等更正差错事项,应写明"注销×月×日×号凭证"或"订正×月×日×号凭证"字样;若一张或几张原始凭证需填制两张以上记账凭证而其中只能附在一张后面,应分别写明"本记账凭证附件包括×号记账凭证业务"或"原始凭证附在×号记账凭证后面"等字样。

第五,会计科目使用必须正确,应借、应贷账户的对应关系必须清楚。编制会计分录要先借后贷,不得把不同类型、不同内容的经济业务合并填制在一张记账凭证上,也不能人为地把一笔经济业务割裂开在几张记账凭证上。原则上,一笔经济业务编制一张记账凭证。

第六,必须规范填写记账凭证金额栏数字。阿拉伯数字必须规范,写到格宽的二分之一;金额数字要写到分位;要在金额合计行填写合计金额,并在前面写上"¥",非合计,不用填写"¥";对于多余空行,应画直线或"S"形线注销。

第七,附件数量完整。除结账与更正差错的记账凭证可以不附原始凭证,其他记账凭证必须附原始凭证,以便于复核会计分录是否正确,也便于日后查阅原始凭证。如果一张原始凭证要涉及几张记账凭证,可把原始凭证附在一张主要的记账凭证后面,在其他记账凭证上注明附有原始凭证的记账凭证的编号。例如,用支票购物,同时又用现金在同一时间、地点购物,供货单位只开了一张发票,此时应分开作两张记账凭证,原始凭证只能附在其中一张后面,另一张记账凭证后面无原始凭证时,可复印原始凭证附在其后或在记账凭证摘要栏中注明附原始凭证的记账凭证的凭证号。企业提取各项税费的记账凭证,应附自制原始凭证,列明合法的计算提取依据及正确的计算过程。

第八,在同一项经济业务中,如果既有库存现金或银行存款的收付业务,又有转账业务时,应相应地填制收款凭证、付款凭证和转账凭证。例如,胡某出差回来,报销差旅费800元,走前已预借1 000元,剩余款项交回库存现金。对于这项经济业务应根据收款收据的记账联填制收款凭证,根据费用报销单填制转账凭证。

第九,经办人员必须签章。记账凭证填制完成后,经办人员签名或盖章的顺序一般为:填制人员填制完毕后先签章,然后由稽核人员审核后签章,再由会计主管人员复核后签章，最后由记账人员在据以记账后签章。收付款业务凭证，还必须由出纳人员签章。

五、模拟企业会计核算的有关规定

（1）原材料、产成品收发均按照实际成本计价。

（2）固定资产使用年限为10年，按照直线法计提折旧，期末无残值。

（3）成本计算按照品种法计算。

六、模拟企业的经济业务

（1）11月1日，收ZS设备有限公司投入的烤箱一台，其账面价值为80 000元，经资双方确认的价值为65 000元。设备已经投入使用。请根据固定资产入账单编制记账凭证。

固定资产入账单

开票日期：2015年11月01日

投资单位	名　称	ZS设备有限公司	企业代码	55666105
	地址、电话	陕西省西安市未央路8号	开户银行及账号	中国建设银行未央路支行 20020208
投资名称	计量单位	数量	单价	金　额									投资方式
烤箱	台	1	65 000	百	十	万	千	百	十	元	角	分	
价税合计	人民币陆万伍仟元整			¥	6	5	0	0	0	0	0	0	
接收单位	名　称	HWD食品厂	企业代码	55666008
	地址、电话	陕西省榆林市柳营路7号	开户银行及账号	中国建设银行人民路支行 20063612

（2）11月2日，向银行签订借款协议，取得借款100 000元，期限六个月，借款已转存银行存款账户。

借款凭证

2015年11月02日

（3）11月4日，从榆林市面粉厂购入特级面粉100袋，增值税发票上注明的买价为

20 000元，增值税3 400元，合计23 400元，款项尚未支付。

陕西省增值税专用发票

发票联

开票日期：2015 年 11 月 04 日   No.610152648

购货单位	名　称	HWD食品厂		纳税人登记号		612724010758643		
	地址、电话	陕西省榆林市柳营路7号		开户银行及账号		中国建设银行人民路支行 20063612		
货物或劳务名称	规格型号	计量单位	数量	单价	金额 百十万千百十元角分		税率(%)	税额 百十万千百十元角分
面粉	特级	袋	100	200	￥ 2 0 0 0 0 0 0		17	￥ 3 4 0 0 0 0
合　计					￥ 2 0 0 0 0 0			￥ 3 4 0 0 0 0
价税合计		贰万叁仟肆佰元整						￥23400.00
备　注								
销货单位	名　称	榆林市面粉厂		税务登记号		612724010356745		
	地址、电话	陕西省榆林市校场路2号		开户银行及账号		中国建设银行新建路支行 20011103		

收款人：　　　复核：　　　开票：马红　　　销售方：（章）

（4）11月4日，用银行存款向榆林市南郊农场支付购买牛奶的预付购货款3 000元。

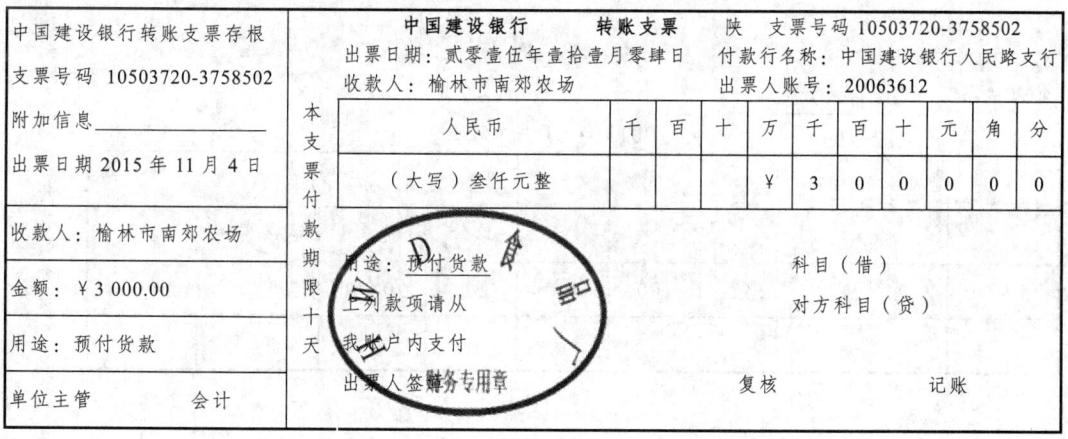

（5）11月5日，收到榆林市南郊农场发来的牛奶1 250千克，增值税专用发票上注明的买价为5 000元，增值税为850元，合计5 850元。扣除预付款3 000元，余额2 850元HWD食品厂用银行存款支付，牛奶尚未验收入库。

陕西省增值税专用发票

发票联

开票日期：2015 年 11 月 05 日　　　　　No. 610152668

购货单位	名　称	HWD 食品厂	纳税人登记号	612724010758643
	地址、电话	陕西省榆林市柳营路 7 号	开户银行及账号	中国建设银行人民路支行 20063612

货物或劳务名称	规格型号	计量单位	数量	单价	金额 百十万千百十元角分	税率(%)	税额 百十万千百十元角分
牛奶		千克	1 250	4	¥　　5 0 0 0 0 0	17	¥　　　8 5 0 0 0
合　计					¥　　5 0 0 0 0 0		¥　　　8 5 0 0 0

价税合计	伍仟捌佰伍拾元整	¥ 5850.00
备　注		

销货单位	名　称	榆林市南郊农场	税务登记号	612724010356758
	地址、电话	陕西省榆林市校场路 6 号	开户银行及账号	中国建设银行新建路支行 20020220

收款人：　　　　复核：　　　　开票：马红　　　　销售方：（章）

（6）11 月 5 日，上述两笔采购验收入库，结转其采购成本。

收　料　单

供货单位：　榆林市面粉厂

发票号码：　610152648　　　　2015 年 11 月 05 日　　　　收货仓库：　原料库

材料类别	名称及规格	计量单位	数量		实际成本			
			应收	实收	单价	金额	运杂费等	合计
原材料	特级面粉	袋	100	100	200	20 000		20 000

验收：崔超　　　保管：　　　　记账：　　　　制单：李明

此联财务留存

收 料 单

供货单位: 榆林市南郊农场
发票号码: 610152668　　2015 年 11 月 05 日　　收货仓库: 冷藏库

材料类别	名称及规格	计量单位	数量		实际成本			
			应收	实收	单价	金额	运杂费等	合计
原材料	牛奶	千克	1 250	1 250	4	5 000		5 000

此联财务留存

验收: 崔超　　保管:　　记账:　　制单: 李明

（7）11 月 7 日，厂部办公室张强因公出差，预借差旅费 800 元，付以现金。

借 款 单

2015 年 11 月 07 日

借款人: 张强	所属部门: 厂部
用途: 出差	
借款数额: 人民币（大写）捌佰元整	小写: ¥800.00
部门负责人审核及签字: 张伟	日期: 2015 年 11 月 07 日
财务部门审核及签字: 刘婷	日期: 2015 年 11 月 07 日
单位负责人批示及签字: 张亮	日期: 2015 年 11 月 07 日

【现金付讫】

借款人取得现金确认: 张强　　　　出纳: 马娟

（8）11 月 9 日，张强出差回来，向公司报销差旅费 760 元，余款交回现金。

费用报销单

部门: 厂部　　2015 年 11 月 09 日　　单据及附件共 6 页

用　途	金　额	备注	
交通费	¥400.00		
住宿费	¥200.00		
伙食费	¥160.00	领导审批	张亮 2015 年 11 月 09 日
合　计	¥760.00		
金额大写: 柒佰陆拾元整	原借款: ¥800.00 元	应退（补）款: ¥40.00 元	

【现金付讫】

会计主管: 刘婷　　　　会计: 张娜　　　　制表: 刘楠

陕西省有奖网络在线通用发票（西安）

开票日期：2015 年 11 月 08 日　　　发票联　　　发票代码 261011300651
付款单位（个人）：HWD 食品厂　　　　　　　发票号码 06854131

行业类别：服务业	机打票号 26101130065106854131	密码区
查询码：60797801902052738089	防伪码：50255095172145432714	
项目　旅店业住宿费	金额 200.00	
合计（大写）　贰佰元整	小写：￥200.00 元	

备注：发票接收方务必登录陕西地税 www.12366sds.gov.cn 进行真伪查询，如查询结果与票面不一致，请速拨打陕西地税 12366 进行举报

收款单位税号：610103683890427　　　　　　　　开票人：王佳
收款单位：（盖章有效）陕西 CA 明珠酒店

210D039880	
西安站　K8188 ▶　榆林 站	
Xi'an	Yulin
2015 年 11 月 09 日 09:00 开	09 车 14 号下铺
￥200 元	新空调硬卧
限乘当日当次车	
612724********3867 李明	
中国铁路祝您旅途愉快	
39473312100226D039880	西安站售

210D039875	
榆林站　K8168 ▶　西安站	
Yulin	Xi'an
2015 年 11 月 07 日 11:00 开	11 车 12 号下铺
￥200 元	新空调硬卧
限乘当日当次车	
612724********3867 李明	
中国铁路祝您旅途愉快	
39473312100226D039765	榆林站售

陕西省西安市餐饮娱乐业定额发票

发票联　　　西安地税（99A）

客户名称：西安市 LJ 大饭店	No.5665310	报销凭证
收款单位：西安税务局	金额：壹佰元	
收款人：发票专用章		
	2015 年 11 月 8 日	

陕西省西安市餐饮娱乐业定额发票

发票联　　　西安地税（99A）

客户名称：西安市 LJ 大饭店	No.5665310	报销凭证
收款单位：西安税务局	金额：伍拾元	
收款人：发票专用章		
	2015 年 11 月 8 日	

陕西省西安市餐饮娱乐业定额发票

发票联　　　　西安地税（99A）

客户名称：　　　　　　　　No.5665310	报
金额：壹拾元	销
收款单位：	凭
收款人：	证
2015 年 11 月 8 日	

（9）11 月 10 日，开出现金支票从银行提取现金 2 000 元备用。

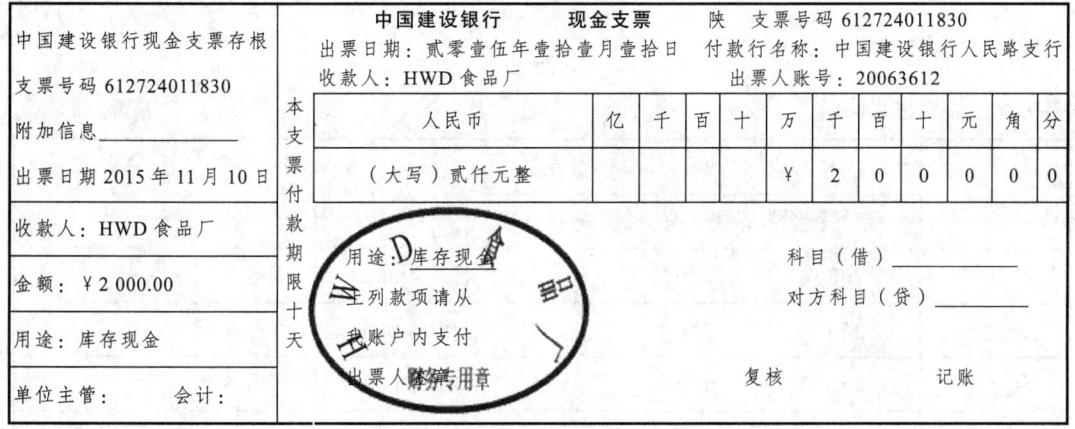

（10）11 月 11 日，生产车间领用面粉 1 424 袋，牛奶 6 000 千克，植物油 600 千克，白砂糖 587.5 千克，鸡蛋 6 910 千克用于生产，具体明细见领料单。

领 料 单

领用部门：生产车间　　　　2015 年 11 月 11 日　　　　编号：11-1

用　途	材料名称	面粉	规格型号	特级	计量单位	袋	
	请领	实发	单位成本	成本	备注		
生产用	450	450	200	90 000	面包车间		
	500	500	200	100 000	饼干车间		
	474	474	200	94 800	蛋糕车间		
合　计	1424	1424	200	284 800			

发料人：崔超　　　　领料单位负责人：张康　　　　领料人：李杰

领料单

领用部门：生产车间　　　　　　2015 年 11 月 11 日　　　　　　　　　编号：11-2

用　途	材料名称　牛奶		规格型号	计量单位　千克	
	请领	实发	单位成本	成本	备注
生产用	2 000	2 000	4	8 000	面包车间
	2 500	2 500	4	10 000	饼干车间
	1 500	1 500	4	6 000	蛋糕车间
合　计	6 000	6 000	4	24 000	

发料人：崔超　　　　　　　领料单位负责人：张康　　　　　　　领料人：李杰

领料单

领用部门：生产车间　　　　　　2015 年 11 月 11 日　　　　　　　　　编号：11-3

用　途	材料名称　植物油		规格型号	计量单位　千克	
	请领	实发	单位成本	成本	备注
生产用	200	200	24	4 800	面包车间
	250	250	24	6 000	饼干车间
	150	150	24	3 600	蛋糕车间
合　计	600	600	24	14 400	

发料人：崔超　　　　　　　领料单位负责人：张康　　　　　　　领料人：李杰

领料单

领用部门：生产车间　　　　　　2015 年 11 月 11 日　　　　　　　　　编号：11-4

用　途	材料名称　白砂糖		规格型号	计量单位　千克	
	请领	实发	单位成本	成本	备注
生产用	250	250	8	2 000	面包车间
	87.5	87.5	8	700	饼干车间
	250	250	8	2 000	蛋糕车间
合　计	587.5	587.5	8	4 700	

发料人：崔超　　　　　　　领料单位负责人：张康　　　　　　　领料人：李杰

领 料 单

领用部门：生产车间　　　　2015年11月11日　　　　　　编号：11-5

用　途	材料名称　鸡蛋		规格型号	计量单位　千克	
	请　领	实　发	单位成本	成　本	备　注
生产用	1 680	1 680	10	16 800	面包车间
	2 500	2 500	10	25 000	饼干车间
	2 730	2 730	10	27 300	蛋糕车间
合　计	6 910	6 910	10	69 100	

发料人：崔超　　　　　　领料单位负责人：张康　　　　　　领料人：李杰

（11）11月16日，向HMT超市销售饼干230件，每件售价900元，增值税税率为17%，另用现金垫付运费1 500元，款项尚未收到。

产 品 出 库 单

收货单位：HMT超市　　　　2015年11月16日　　　　　　第1105号

产品名称	计量单位	数量	单位成本	金　额
饼干	件	230	600.00	138 000.00
合		计		138 000.00

记账：张娜　　　保管：　　　　检验：　　　　　　　经手：李涛

陕西省增值税专用发票
发 票 联

开票日期：2015年11月16日　　　　No. 610152732

购货单位	名　称	HMT超市			纳税人登记号									612724010356758								
	地址、电话	陕西省榆林市文化路6号			开户银行及账号									中国建设银行人民路支行 20847364								
货物或劳务名称	规格型号	计量单位	数量	单价	金　额								税率%	税　额								
					百	十	万	千	百	十	元	角	分		百	十	万	千	百	十	元	角	分
饼干		件	230	900	¥	2	0	7	0	0	0	0	0	17		¥	3	5	1	9	0	0	0
合　计						¥	2	0	7	0	0	0	0			¥	3	5	1	9	0	0	0
价税合计		贰拾肆万贰仟壹佰玖拾元整															¥ 242 190.00							
备　注																							
销货单位	名　称	HWD食品厂			税务登记号									612724010758643								
	地址、电话	陕西省榆林市柳营路7号			开户银行及账号									中国建设银行双庄路支行 20063612								

收款人：　　　复核：　　　开票：高敏　　　销售方：（章）

（12）11月17日，向XJY超市销售蛋糕200件，每件售价1 000元。不含增值税的售价为200 000元，增值税为34 000元，合计234 000元，当即收到XJY超市签发并承兑的面值为234 000元，期限为3个月的商业汇票一张。

产品出库单

收货单位：XJY超市　　　　2015年11月17日　　　　第1106号

产品名称	计量单位	数 量	单位成本	金 额
蛋糕	件	200	800.00	160 000.00
合　计				160 000.00

记账：张娜　　　保管：　　　检验：　　　经手：李涛

陕西省增值税专用发票

发票联

开票日期：2015年11月17日　　　　No.610152735

购货单位	名　称	XJY超市			纳税人登记号					612724010356789									
	地址、电话	陕西省榆林市榆林大道8号			开户银行及账号					中国建设银行迎宾路支行20187635									
货物或劳务名称	规格型号	计量单位	数量	单价	金　额									税率(%)	税　额							
					百	十	万	千	百	十	元	角	分		百	十	万	千	百	十	元	角	分
蛋糕		件	200	1000	¥	2	0	0	0	0	0	0	0	17	¥		3	4	0	0	0	0
合　计					¥	2	0	0	0	0	0	0	0		¥		3	4	0	0	0	0
价税合计	贰拾叁万肆仟元整														¥234 000.00							
备注																						
销货单位	名　称	HWD食品厂			税务登记号					612724010758643									
	地址、电话	陕西省榆林市柳营路7号			开户银行及账号					中国建设银行人民路支行20063612									

收款人：　　　复核：　　　开票：高敏　　　销售方：（章）

商业承兑汇票

出票日期 贰零壹伍年壹拾壹月壹拾柒日　　汇票编号：38697563

付款人	全称	XJY超市	收款人	全称	HWD食品厂
	账号	20187635		账号	20063612
	开户银行	中国建设银行迎宾路支行		开户银行	中国建设银行人民路支行

汇票金额	人民币（大写）贰拾叁万肆仟元整	千	百	十	万	千	百	十	元	角	分
	¥		2	3	4	0	0	0	0	0	0

汇票到期日	贰零壹陆年零贰月壹拾柒日	付款行	行号	07135
交易合同			地址	榆林市人民路28号

本汇票已经本单位承兑，到期日无条件支付票款

本汇票请予以承兑，到期日付款

2015年11月　　　　　　　　　出票人签章

收款收据

承兑汇票　账户　　　　　2015年11月17日　　　　　　No.1101

交款单位	XJY超市								
摘要	收货款	百	十	万	千	百	十	元	角	分
人民币（大写）	贰拾叁万肆仟元整	¥		2	3	4	0	0	0	0

主管：刘婷　　会计：张娜　　出纳：马娟　　制票：刘楠　　复核：

（13）11月18日，用银行存款向LD广告公司支付产品广告费2 900元。

中国建设银行转账支票存根

支票号码 61272401382457

附加信息 _____

出票日期 2015年11月18日

收款人：LD广告公司

金额：¥2 900.00元

用途：广告费

单位主管：　　会计：

中国建设银行　转账支票　陕　支票号码 61272401382457

出票日期：贰零壹伍年壹拾壹月壹拾捌日　付款行名称：中国建设银行人民路支行

收款人：LD广告公司　　出票人账号：20063612

人民币	（大写）贰仟玖佰元整	亿	千	百	十	万	千	百	十	元	角	分
							¥	2	9	0	0	0	0

用途：广告费

上列款项请从我账户内支付

出票人签章　　　　　　　　科目（借）_____　对方科目（贷）_____

复核　财务专用章　　　记账

（14）11月23日，收到上月销售给HRZ超市的货款60 000元，存入银行。（入账通知单）

中国建设银行

2015年11月23日

付款人账号：20020228　　　　付款人名称：HRZ超市
收款人账号：20063612　　　　收款人名称：HWD食品厂
付款人开户行行号：07135　　　收款人开户行行号：07135
发起行名称：中国建设银行人民路支行　　接受行名称：中国建设银行人民路支行
币种：人民币　　　交易金额：￥60 000.00
大写金额：陆万元整

业务种类：转账
交易日期：20151123　　　支付交易序号：65898572
交易种类：大额　　　　　入账日志号：405648567
委托凭证日期：20151123　　委托凭证号码：17302120

（15）11月26日，以银行存款向西安XY智能机械有限公司支付生产车间的设备维修费7 000元。

中国建设银行转账支票存根	中国建设银行　转账支票　陕　支票号码 61272401382460
支票号码 61272401382460	出票日期：贰零壹伍年壹拾壹月贰拾陆日　　付款行名称：中国建设银行人民路支行
附加信息_____	收款人：西安HY智能机械公司　　出票人账号：20063612
出票日期 2015年11月26日	人民币：（大写）柒仟元整　　￥7 000 00
收款人：西安XY智能机械公司	用途：设备维修费　　　科目（借）_____
金额：￥7 000.00	上列款项请从　　　　对方科目（贷）_____
用途：设备维修费	我账户内支付
单位主管　会计	出票人签章　　复核　　记账

（16）11月29日，收到榆林蔗糖厂违约金20 000元存入银行。

收款收据

2015年11月29日　　　No.1102

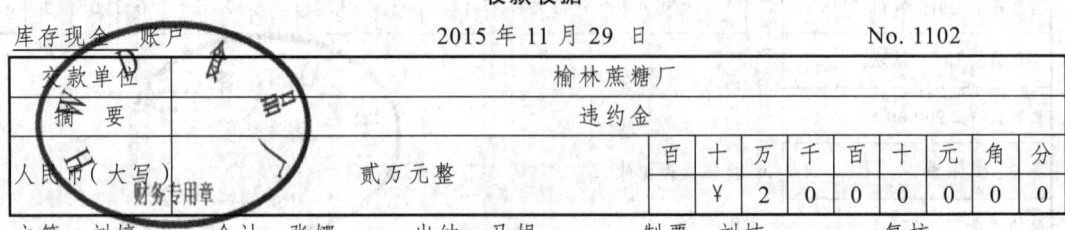

交款单位	榆林蔗糖厂								
摘　要	违约金								
人民币（大写）	贰万元整	百	十	万	千	百	十	元	角	分
				￥2	0	0	0	0	0	0

主管：刘婷　　会计：张娜　　出纳：马娟　　制票：刘楠　　复核：

中国建设银行 现金缴款单

2015 年 11 月 29 日

单位填写	收款单位	HWD 食品厂	交款人	马梅								
	账 号	20063612	款项来源	罚款收入								
	（大写）人民币贰万元整				百	十万	万	千	百	十	元	角	分
						￥	2	0	0	0	0	0	0

银行专用栏：
交易码：0810 现金存入　　　　　　柜员交易号：75674546487454886
单位名称：HWD 食品厂
单位账号：0210　　　　　　　　　起息日期：2015.11.29
币种及金额（大写）人民币贰万元整
　　　　　（小写）RMB20 000.00
摘要：　　　　　　　　　　　　　任务号：125648543166879533155

会计主管：刘婷　　　　　复核：　　　　　　记账：

（17）11 月 30 日，本月份车间耗电 6 000 度，管理部门耗电 5 000 度，销售部门耗电 3 000 度，每度电 0.5 元，已用转账支票支付。

电费分配计算表

2015 年 11 月　　　　　　　　　　　　　　　　单位：元

部门名称	用电量	单 价	金 额
基本生产车间	6 000	0.5	3 000
管理部门	5 000	0.5	2 500
销售部门	3 000	0.5	1 500
合 计	14 000	0.5	7 000

会计主管：刘婷　　　　会计：张娜　　　　制表：刘楠

中国工商银行转账支票存根
支票号码
附加信息＿＿＿＿＿＿
出票日期 2015 年 11 月 30 日
收款人：榆林供电公司
金额：￥7 000
用途：电费
单位主管：马梅　会计：张娜

（18）11月30日，计提固定资产折旧，车间折旧16 000元，行政管理部门折旧10 000元。

固定资产折旧计算表

2015年11月30日　　　　　　　　　　　　　　　　　　　单位：元

使用部门	本月应计提的折旧额
生产车间	16 000
行政部门	10 000
合　计	26 000

会计主管：刘婷　　　　　　会计：张娜　　　　　　制表：刘楠

（19）11月30日，摊销以前已预付应由本月份负担的财产保险费5 000元，其中厂部负担3 000元，车间负担2 000元。

待摊费用分配表

2015年11月30日　　　　　　　　　　　　　　　　　　　单位：元

车间部门项目	财产保险费
生产车间	2 000
厂部	3 000
合　计	5 000

会计主管：刘婷　　　　　　会计：张娜　　　　　　制表：刘楠

（20）11月30日，用银行存款支付公司下年度的报刊订阅费1 200元。

```
中国工商银行转账支票存根
支票号码
附加信息_____
出票日期 2015年11月30日
收款人：YL日报社
金额：¥1 200
用途：电报刊费
单位主管：马梅　会计：张娜
```

（21）11月30日，计提应由本月负担的短期借款利息750元。

银行借款利息计提计算表

2015 年 11 月 30 日　　　　　　　　　　　　　单位：元

借款金额	月利率	应提利息
100 000	0.75%	750

会计主管：刘婷　　　　　会计：张娜　　　　　制表：刘楠

（22）11 月 30 日，根据产品的生产工时比例分配本月发生的制造费用 21 000 元（饼干 3 000 工时，面包 4 000 工时，蛋糕 3 000 工时）。

制造费用分配表

2015 年 11 月 30 日　　　　　　　　　　　　　单位：元

分配对象	分配标准/工时	分配率	分配金额
饼干	3 000	2.1	6 300
面包	4 000	2.1	8 400
蛋糕	3 000	2.1	6 300
合计	10 000	2.1	21 000

会计主管：刘婷　　　　　会计：张娜　　　　　制表：刘楠

（23）11 月 30 日，经计算本月份生产工人工资 272 000 元，（按产品生产工时在三种产品间进行分配：饼干 2 300 工时，面包产品 2 000 工时，蛋糕 2 500 工时），车间管理人员工资 24 000 元，公司行政管理人员工资 20 000 元。

工资汇总表

2015 年 11 月　　　　　　　　　　　　　　　单位：元

应借项目		分配标准	应付工资
生产成本	饼干	4	92 000
	面包	4	80 000
	蛋糕	4	100 000
	小计		272 000
制造费用			24 000
管理费用			20 000
合计			316 000

会计主管：刘婷　　　　　会计：张娜　　　　　制表：刘楠

（24）11月30日，饼干400件，面包300件，蛋糕300件，全部完工，结转完工产品生产成本。

完工产品生产成本计算表

2015年11月30日　　　　　　　　　　　　　　　　　单位：元

成本项目	饼干400件		面包300件		蛋糕300件	
	单位成本	总成本	单位成本	总成本	单位成本	总成本
直接材料	354.25	141 700	405	121 600	446	133 700
直接人工	230	92 000	267	80 000	333	100 000
制造费用	15.75	6 300	28	8 400	21	6 300
合　计	600	240 000	700	210 000	800	240 000

会计主管：刘婷　　　　　　　　会计：张娜　　　　　　　　制表：刘楠

（25）11月30日，将生产完工的面包300件、每件700元，饼干500件、每件600元，蛋糕300件、每件800元，验收入库。

库存商品（产成品）验收入库单

交库单位：生产车间　　　　　2015年11月30日　　　　　　　　第0102号

产品名称	交验数量	检验结果		实收数量	计量单位	单位成本	金额（元）
		合格	不合格				
面包	300	300		300	件	700	210 000
饼干	400	400		400	件	600	240 000
蛋糕	300	300		300	件	800	240 000
合　计	1 000	1 000		1 000	件		690 000

生产车间：张康　　　　　　　检验人：李明　　　　　　　仓库经手人：赵辉

（26）11月30日，结转本月销售产品成本。

产品销售成本计算表

2015年11月30日　　　　　　　　　　　　　　　　　单位：元

名　称	计量单位	本月销售成本		
		数量	单价	金额
饼干	件	230	600	138 000
面包	件			
蛋糕	件	200	800	160 000
合　计				298 000

会计主管：刘婷　　　　　　　　会计：张娜　　　　　　　　制表：刘楠

（27）11月30日，将本月实现的销售收入407 000元，营业外收入20 000元转入"本年利润"账户。

（28）11月30日，将本月发生的主营业务成本298 000元，管理费用36 260元，销售费用4 400元，财务费用750元转入"本年利润"账户。

（29）11月30日，计提营业税金及附加。

营业税金及附加计提表

日期 2015 年 11 月　　　　　　　　　　　金额单位：元

本月应交增值税	64 940		
应交城市维护建设税	本月增值税×城市维护建设税税率（7%）	64 940×7%	4 545.8
应交教育费附加	本月增值税×教育费附加税率（3%）	64 940×3%	1 948.2
应交地方教育费附加	本月增值税×地方教育费附加税率（2%）	64 940×2%	1 298.8
合　计			7 792.8

会计主管：刘婷　　　　　会计：张娜　　　　　制表：刘楠

（30）11月30日，根据本月实现的利润，按25%的税率计算所得税。

企业所得税计提表

所属时间：2015 年 11 月

项　目	行　次	金　额
收入总额	1	427 000
成本费用总额	2	347 202.8
利润总额	3	79 797.2
适用税率	4	25%
企业应纳所得税（5=3×4）	5	19 949.3

会计主管：刘婷　　　　　会计：张娜　　　　　制表：刘楠

（31）11月30日，结转所得税。

（32）11月30日，按税后利润的10%提取法定盈余公积金。

（33）11月30日，应付投资人利润按税后利润的40%计算。

（34）11月30日，年终决算。将本年利润的余额转入"利润分配——未分配利润"账户。

七、记账凭证的审核

为了保证账簿记录和会计信息的质量，记账凭证必须经过有关稽核人员的审核，才能登记账簿。如前所述，记账凭证是根据审核无误的原始凭证填制的。因此，记账凭证的审核，除了要对原始凭证进行复审外，还要对以下内容进行审核。

1. 内容是否真实

审核记账凭证的经济内容是否与所附的原始凭证的内容相符等。

2. 项目是否齐全

审核摘要、会计科目、金额、所附原始凭证的张数及有关人员的签章等。

3. 科目是否正确

审核记账凭证的应借、应贷科目是否正确，是否有明确的账户对应关系，所使用的会计科目是否符合国家统一的会计制度的规定等。

4. 金额是否正确

审核记账凭证所记录的金额与原始凭证的有关金额是否一致，计算是否正确，记账凭证汇总表的金额与记账凭证的金额合计是否相等。

5. 书写是否正确

审核记账凭证中的记录是否文字工整、数字清楚，是否按规定进行更正等。

在审核记账凭证过程中，如发现填制有误，应查明原因，并按照规定的方法及时更正，只有经过审核无误的记账凭证，才能据以登记账簿。

实行会计电算化的单位，对于机制记账凭证要认真审核，做到会计科目使用正确，数字正确无误。打印出的机制记账凭证要加盖制证人员、审核人员、记账人员及会计机构负责人、会计主管人员印章或签字。

对会计凭证进行审核，是保证会计信息的质量、实施会计监督的重要手段，这是一项政策性很强的工作。为做好这项工作，会计人员既要熟悉和掌握国家政策、法令、制度、计划和预算等有关规定，又要熟悉和了解本单位的经营状况。这样，才能明辨是非，保证国家法规、制度的贯彻执行。

实验四 账簿的设置与启用

一、实验目的

通过实验，使学生掌握企业日常经济业务所涉及的各种账簿的种类、基本特征以及设置与启用规则，并能够独立完成案例企业期初数据的登记工作。

二、实验要求

根据 HWD 食品厂 2015 年 12 月初各账户的余额，开设总分类账户、现金、银行存款日记账、原材料明细账和应收账款明细账，并登记期初余额。

三、实验指导

（一）会计账簿的分类

1. 按用途分类

账簿按用途的不同可以分为序时账簿、分类账簿和备查账簿三类。

（1）序时账簿。序时账簿又称日记账，它是按照经济业务的发生或完成时间的先后顺序逐日逐笔登记的账簿。序时账簿可以用来核算和监督某一类型经济业务或全部经济业务的发生或完成情况；用来记录全部经济业务的日记账称为普通日记账；用来记录某一类型经济业务的日记账称为特种日记账，如记录现金收付业务及其结存情况的现金日记账，记录银行存款收付业务及其结存情况的银行存款日记账，专门记录转账业务的转账日记账。在我国，大多数企业只设现金日记账和银行存款日记账，而不设转账日记账和普通日记账。

（2）分类账簿。分类账簿是通过对全部经济业务按照会计要素的具体类别而设置的分类账户进行登记的账簿。按照总分类账户分类登记经济业务的是总分类账簿，简称总账。按照明细分类账户分类登记经济业务的是明细分类账簿，简称明细账。总分类账提供总括会计信息，明细分类账提供详细会计信息，二者相辅相成，互为补充。

分类账簿是账簿的主体，是编制会计报表的主要依据。小型经济单位，业务简单，总分类账户不多，为简化工作，可以将序时账簿与分类账簿结合起来，设置联合账簿。

（3）备查账簿。备查账簿又称辅助登记簿，简称备查簿，是指对某些在序时账簿和分类账簿等主要账簿中都不予登记或登记不够详细的经济业务进行补充登记时使用的账簿。如租入固定资产登记簿，是用来登记那些以经营租赁方式租入、不属于本企业、不能记入本企业固定资产账户的机器设备等。备查账簿的种类及其格式可以由各单位根据实际需要自行设置，不作统一规定。

2. 按账页格式分类

按账页格式的不同，账簿可以分为两栏式、三栏式、多栏式和数量金额式四种。

（1）两栏式账簿。两栏式即只有借方和贷方两个基本金额栏目的账簿。普通日记账和转账日记账一般采用两栏式。

（2）三栏式账簿。三栏式是设有借方、贷方和余额三个基本栏目的账簿。总分类账、日记账以及资本、债权、债务明细账一般采用三栏式。

（3）多栏式账簿。多栏式是在账簿的两个基本栏目借方和贷方按需要分设若干专栏的账簿。如多栏式日记账、多栏式明细账。收入、费用明细账一般采用这种账簿格式。

（4）数量金额式账簿。这种账簿的借方、贷方和余额三个栏目内，都分设数量、单价、金额三小栏，借以反映财产物资的实物数量和价值量。如原材料、库存商品等明细账一般都采用数量金额式账簿。

3. 按外形特征分类

账簿按外形的不同，可以分为订本账、活页账和卡片账三种。

（1）订本账。订本账是启用之前就已将账页装订在一起，并对账页进行连续编号的账簿。其优点是能够避免账页散失和防止抽换账页；其缺点是不能准确地为各账户预留账页。这种账簿一般适用于总分类账、现金日记账和银行存款日记账。

（2）活页账。活页账是在账簿登记完毕之前并不固定装订在一起，而是装在活页账夹中。当账簿登记完毕后（通常是一个会计年度），才将账页予以装订，加具封面，并给各账页连续编号。这类账簿的优点是记账时可以根据实际需要，随时将空白账页装入账簿，或抽出不需用的账页，也便于分工记账；其缺点是如果管理不善，可能会造成账页散失或故意抽换账页。各种明细分类账一般采用活页账形式。

（3）卡片账。卡片账是一种将账户所需格式印刷在硬卡上的账簿。严格地说，卡片账也是一种活页账，只不过它不是装在活页账夹中，而是装在卡片箱内。在我国，企业一般只对固定资产明细账核算采用卡片账形式。少数企业在材料核算中也使用材料卡片账。

（二）账簿的基本内容

在实际工作中，账簿的格式是多种多样的，不同格式的账簿所包括的具体内容也不尽相同，但各种账簿应具有以下基本要素。

1. 封　面

封面主要表明账簿的名称，如总分类账、各种明细分类账、现金日记账、银行存款日记账等。

2. 扉页

扉页主要用来填列会计账簿的使用信息，其主要内容包括单位名称、账簿名称、起止页次、启用日期、单位负责人、会计主管人员姓名、经管人员及交接日期。

3. 账页

账页是账簿用来记录经济业务的载体，其格式因记录经济业务的内容不同而有所不同，但基本内容包括：账户的名称（一级科目、二级或者明细科目）、记账日期、凭证种类、号数栏、摘要栏、金额栏、总页次和分户页次等。

（三）账簿的设置原则

对于一个企业，到底应该设置哪些账簿呢？也就是企业如何建账？所谓建账，就是根据企业具体行业要求和将来可能发生的经济业务情况，购置所需要的账簿，然后根据企业日常发生的业务情况和会计处理程序登记账簿。在建账时，应遵循以下原则：

（1）要依法设账。

（2）要根据本单位经济活动和经营管理的需要来确定设置账簿的种类和数量。

（3）设置账簿的内容要完整。

（4）账簿体系要科学严密。

（5）设置账簿的账页格式要满足实际需要，简便实用。

总体来说，应根据企业规模、经济业务的繁简程度、会计人员的多少、采用的核算形式及电子化程度来确定。一般情况下，企业都会设置总分类账、明细分类账、库存现金日记账、银行存款日记账、备查账。

（四）账簿的设置与启用方法

根据企业经济业务的特点和管理需要，一般应购买并设置以下账簿。

1. 总分类账

总分类账一般采用订本式账簿、三栏式账页格式。建账步骤如下：

（1）启用账簿。启用账簿分为如下步骤：

首先，填写"账簿启用表"。每本账簿的扉页均附有"账簿启用表"，内容包括单位名称、账簿名称、账簿号码、账簿页数、启用日期、单位负责人、单位主管财会工作负责人、会计机构负责人、会计主管人员等。启用账簿时，应填写表内各项内容，并在单位名称后面的单位盖章处加盖财务专用章。

其次，填写"经管本账簿人员一览表"。账簿经管人员是指负责登记使用该账簿的会计人员。当账簿的经管人员调动工作时，应办理交接手续，填写该表中的账簿交接内容，并由交接双方共同签名或盖章。

最后，粘贴印花税票。根据税法相关规定，企业的会计账簿中的资金账簿，即反映企业实收资本和资本公积金额增减变化的账簿，按以下方法贴花：在企业设立初次建账时按实收资本和资本公积金额的 0.5%贴花；次年度实收资本与资本公积未增加的，不再计算贴花，实收资本与资本公积增加的，就其增加部分按 0.5%的税率补贴印花。其他会计账簿，每本应粘贴 5 元面值的印花税票。

印花税票粘贴在账簿扉页的右下角"印花税票粘贴处"框内，并在印花税票中间画几条平行横线即行注销，注销标记应与骑缝处相交。若企业使用缴款书缴纳印花税，应在账簿扉页的"印花税票粘贴处"框内注明"印花税已缴"以及缴款金额。

账簿启用表的具体格式如表 4.1 所示。

表 4.1 账簿启用表

单 位 名 称									单 位 盖 章	
账 簿 名 称										
账 簿 编 号		年总 册第 册								
账 簿 页 数		本账簿共计 页 第 页								
启 用 日 期		年 月 日至 年 月 日								
经管人员	责任人			主办会计			记账			
	职别	姓名	盖章	职别	姓名	盖章	职别	姓名	盖章	
交接记录	职别	姓名	接管			移交			印花税票粘贴处	
			年	月	日	盖章	年	月	日	盖章

（2）设置总分类账户。总账账簿中包括本企业使用的全部总分类账户，因此，需指定每一总分类账户在总分类账簿中的登记账页，在相应账页的"会计科目及编号"栏处填写指定登记账户的名称及编码。

由于总分类账采用的是订本式账簿，为了便于账户查找，各总分类账户的排列顺序应有一定的规律，一般应按会计科目表中的编码顺序排列。因此，只要是本企业会计核算涉及的总分类账户，不论期初是否有余额，都需在总账中设置相应账户，并根据实际需要预留账页。

(3)登记期初余额。对于有期初余额的总分类账户,根据相关资料登记账户记录。在该账户账页的第一行"日期"栏中填入期初的日期,在"摘要"栏填入"期初余额"(年度更换新账簿时填入"上年结转"),在"借贷方向"栏标明余额的方向,在"余额"栏填入账户的期初余额。对于没有期初余额的总分类账户,无须特别标识其余额为零。

在登记账簿记录时应注意:首先,使用蓝黑墨水或者碳素墨水书写,不得使用圆珠笔(银行的复写账簿除外)或者铅笔书写;其次,账簿中书写的文字和数字上面要留有适当空格,不要写满格,一般应占格距的二分之一;再次,账簿的阿拉伯数字按会计数字的规范要求书写;最后,账簿中的小写金额前不用加币别符号。

(4)填写账户目录。由于总账账簿是订本式,在各账页中预先印有连续编号,为方便查找,所有总分类账户设置完成后,应在账簿启用页后的"账户目录表"中填入各账户的科目编号、名称及起始页码。

总分类账的具体格式如表4.2所示。

表 4.2　总分类账

会计科目名称或编号 **应收账款**

2015年		凭证		摘要	借方	√	贷方	√	借或贷	金额	√
月	日	字	号								
12	1			承前页					借	168 750.00	

2. 日记账

为了加强对货币资金的监督和控制,所有企业应设置现金日记账、银行存款日记账各一本,并采用订本式账簿、三栏式账页格式,核算企业的现金和银行存款的收入、支出和结存情况。日记账建账步骤如下:

(1)启用账簿。日记账的账簿启用与总账相似,此处不再赘述。

(2)设置账户。现金日记账按现金的币种分别开设账户,银行存款日记账按企业在银行开立的账户和币种开设账户,每一账户要预留账页。因外币现金和银行存款需采用包含原币信息的复币账页,因此本位币与外币现金、银行存款分别开设账簿。

(3)登记期初余额。对于有期初余额的"库存现金"账户,根据相关资料在账户中登记期初余额;对于有期初余额的"银行存款"账户,根据相关资料在账户中登记期初余额。

(4)填写账户目录。日记账账户目录的填写与总账相似,此处不再赘述。

日记账的具体格式如表 4.3 和表 4.4 所示。

表 4.3　现金日记账

2015 年		凭证号	摘要	对应科目	借方	贷方	余额
月	日						
12	1		承前页				1 649.00

表 4.4　银行存款日记账

2015 年		凭证号	摘要	对应科目	借方	贷方	余额
月	日						
12	1		承前页				1 649.00

3. 明细分类账

明细分类账一般采用活页式账簿，有三栏式、数量金额式及多栏式三种账页格式，相同格式的账页需装订成本。

由于活页账可以在使用过程中根据需要增减账页，以及对账页的顺序进行调整，因此设置明细分类账时，不用给每一明细账户预留账页，可以先在相关账簿中设置出有期初余额的明细账户。对期初无余额的明细账户，可暂时不设，待日常账务处理中用到时再行设置，并按顺序插入账簿中同属一个总分类账户的明细账户中。

为了便于查找账户，明细账户在账簿中一般也按会计科目编码顺序排列，同属于一个总分类账户的明细账户应集中连续排列。必须在每一个明细账账页外侧粘贴口取纸，它可以帮助会计人员迅速找到某一账户在账簿中的位置。口取纸通常分红、蓝两种颜色，会计人员根据习惯赋予其一定的意义。如红色表示资产类、成本类账户，蓝色表示负债类及所有者权益类账户；红色表示收入类账户，蓝色表示费用、损失类账户；红色表示一级账户，蓝色表示二级账户等。当然，也可以只使用一种颜色的口取纸，甚至不使用。使用口取纸时应注意粘贴方法。首先，将会计科目名称写在口取纸上，等墨迹干了之后，粘贴至某账户的第一张账页右侧，每张口取纸所粘贴的位置不同，有的靠上，有的靠下，从上到下，使其形成规则的锯齿形为最佳。这样既整洁美观又一目了然，便于查找。口取纸虽有查找的作用，但它不能取代账页上方的账户名称。否则，口取纸一旦掉落会给工作带来不便。

并不是所有的总分类账户都需要设置明细分类账户,企业可以根据实际需要决定明细分类账户的设置以及所采用的账页格式。

(1)三栏式明细分类账。

第一,启用账簿。

第二,设置账户。设置应收账款、其他应收款、长期待摊费用、短期借款、应付账款、应付职工薪酬、应付利息、长期借款、实收资本、盈余公积、利润分配等所属各有期初余额的明细分类账户,其他无期初余额的明细分类账户暂不设置。

开设明细账户时,首先在选定明细分类账页上方填写该明细分类账户所属总分类科目名称、明细科目名称、明细科目编码及该明细分类账户当前页码。

活页式账簿的账页事先未印制固定页码,由企业根据使用情况填写。每一账页均有两个页码:"第××页"(分第××页),是指按明细分类账户对账页所进行的编码,即该账页为该明细分类账户的第几页,在启用新账页时进行编码。如开设"应收账款——深圳SY建材有限公司"账户,选定的账页为该账户的"第1页",该页登记满,转入下页继续登记时,下页即为该账户的"第2页";"连续××页"(总第××页),是指不区分明细分类账户,对账簿中包含的账页按排列顺序进行的编码,即该账页为该明细分类账簿中的第几页。由于活页账在使用过程中会根据需要对账页进行增减以及调整账页的顺序,所以该编码应在年度结束时,将账簿中空白账页抽出,并对账页顺序进行整理后填写。

第三,登记期初余额。根据相关资料在明细分类账户中登记期初余额。

在进行明细分类账的设置时,应注意的是:明细科目的编码一般采用群码的编码方式,以清楚地反映科目的隶属关系,其中一级科目编码已由会计制度明确规定,其他各级科目编码长度各企业可根据需要自行确定,其长度既不能过长导致不便运用,也不能太短导致不够使用。

第四,粘贴账户标签。

三栏式明细账的具体格式如表4.5所示。

表4.5 应收账款

二级明细科目 XJY超市

2015年		凭证		摘 要	借 方	√	贷 方	√	借或贷	金 额	√
月	日	字	号								
12	1			承前页					借	110 000.00	

（2）数量金额式明细分类账。

第一，启用账簿。

第二，设置账户。设置原材料、库存商品所属的有期初余额的明细分类账户。

第三，登记期初余额。根据相关资料在明细分类账户中登记期初余额。

第四，粘贴账户标签。

数量金额式明细分类账具体格式如表 4.6 所示。

表 4.6 原材料

二级明细科目　面粉

2015年		凭证号	摘要	借方			贷方			余额			√
月	日			数量	单价	金额	数量	单价	金额	数量	单价	金额	
12	1		承前页							20	200	4 000	

四、实验资料

HWD 食品厂 2015 年 12 月初库存现金、银行存款、原材料、应收账款、应付账款的余额情况如下：

（1）库存现金余额为 1 900 元，银行存款余额为 514 000 元。

（2）原材料期初结存情况如表 4.7 所示。

表 4.7 原材料期初结存表

名　称	计量单位	数　量	单　价	金　额
面粉	袋	40	200	8 000
牛奶	千克	50	4	200
鸡蛋	千克	150	10	1 500
白砂糖	千克	250	8	2 000
植物油	千克	250	24	6 000
合　计				17 700

（3）应收账款总额为 513 000 元。其中，应收 HMT 超市 171 000 元，HRZ 超市 223 000 元，XJY 超市 119 000 元。

（4）应付账款总额为 173 000 元。其中，应付榆林面粉厂 53 000 元，榆林油脂厂 48 000 元，榆林市南郊农场 10 000 元，原生态养鸡场 32 000 元，榆林蔗糖厂 30 000 元。

请根据上述资料设置各总分类账、日记账、明细账并登记期初余额如表 4.8～表 4.25 所示。

表 4.8　**总分类账**

会计科目名称或编号＿＿＿＿＿＿＿

年		凭证号	摘要	借方	√	贷方	√	借或贷	金额	√
月	日									

表 4.9　**总分类账**

会计科目名称或编号＿＿＿＿＿＿＿

年		凭证号	摘要	借方	√	贷方	√	借或贷	金额	√
月	日									

表 4.10　**总分类账**

会计科目名称或编号＿＿＿＿＿＿＿＿

年		凭证号	摘　要	借　方	√	贷　方	√	借或贷	金　额	√
月	日									

表 4.11　**现金日记账**

年		凭证号	摘　要	对应科目	借　方	贷　方	余　额
月	日						

表 4.12　银行存款日记账

年		凭证号	摘要	对应科目	借方	贷方	余额
月	日						

表 4.13　应收账款

二级明细科目_____

年		凭证字号	摘要	借方	√	贷方	√	借或贷	金额	√
月	日									

表4.14 　应收账款

二级明细科目_____

年		凭证	摘要	借方	√	贷方	√	借或贷	金额	√
月	日	字号								

表4.15 　应收账款

二级明细科目_____

年		凭证	摘要	借方	√	贷方	√	借或贷	金额	√
月	日	字号								

表 4.16 **应付账款**

二级明细科目 _____

年		凭证		摘要	借方	√	贷方	√	借或贷	金额	√
月	日	字	号								

表 4.17 **应付账款**

二级明细科目 _____

年		凭证		摘要	借方	√	贷方	√	借或贷	金额	√
月	日	字	号								

表 4.18　应付账款

二级明细科目＿＿＿＿＿＿＿＿

年		凭证字号	摘要	借方	√	贷方	√	借或贷	金额	√
月	日									

表 4.19　应付账款

二级明细科目＿＿＿＿＿＿＿＿

年		凭证字号	摘要	借方	√	贷方	√	借或贷	金额	√
月	日									

表4.20　**应付账款**

二级明细科目＿＿＿＿＿＿＿

年		凭证字号	摘　要	借　方	√	贷　方	√	借或贷	金　额	√
月	日									

表4.21　**原材料**

二级明细科目＿＿＿＿＿＿＿

年		凭证号	摘要	借　方			贷　方			余　额			√
月	日			数量	单价	金额	数量	单价	金额	数量	单价	金额	

表 4.22　**原材料**

二级明细科目＿＿＿＿＿

年		凭证号	摘要	借　方			贷　方			余　额			√
月	日			数量	单价	金额	数量	单价	金额	数量	单价	金额	

表 4.23　**原材料**

二级明细科目＿＿＿＿＿

年		凭证号	摘要	借　方			贷　方			余　额			√
月	日			数量	单价	金额	数量	单价	金额	数量	单价	金额	

表4.24　**原材料**

二级明细科目_____

年		凭证号	摘要	借　方			贷　方			余　额			√
月	日			数量	单价	金额	数量	单价	金额	数量	单价	金额	

表4.25　**原材料**

二级明细科目_____

年		凭证号	摘要	借　方			贷　方			余　额			√
月	日			数量	单价	金额	数量	单价	金额	数量	单价	金额	

实验五　现金日记账和银行存款日记账的登记

一、实验目的

通过实验，使学生了解日记账的种类、格式和基本内容，掌握登记的依据和登记要求，熟练掌握现金日记账（三栏式）及银行存款日记账（三栏式）的登记方法、登记依据；理解三栏式现金日记账、银行存款日记账的作用。

二、实验要求

根据 HWD 食品厂 2015 年 12 月份发生的部分经济业务登记"现金日记账"和"银行存款日记账"。

三、实验指导

（一）日记账的登记要求

1. 准确完整

登记会计账簿时，应将会计凭证日期、编号、业务内容摘要、金额和其他有关资料逐项记入账内，做到数字准确、摘要清楚、登记及时、字迹工整。每一项会计事项，一方面要记入有关的总账，另一方面还要记入该总账所属的明细账。账簿记录中的日期，应该填写记账凭证上的日期。

2. 注明记账符号

账簿登记完毕，应在记账凭证上签名或盖章，并在记账凭证的"过账"栏内注明账簿页数或画对勾，表明记账完毕，避免重记、漏记。

3. 书写留空

账簿中书写的文字和数字上面要留有适当的空格，不要写满格，一般应占格距的二分之一。这样，一旦发生登记错误，能比较容易地进行更正，同时也便于查账。

4. 正常记账使用蓝黑墨水

为了保证账簿记录的永久性，防止涂改，记账时必须使用碳素墨水或蓝黑墨水并用钢笔书写，不得用铅笔、圆珠笔书写登账。

5. 特殊记账使用红墨水

可以使用红墨水记账的情况包括：按照红字冲账的记账凭证，冲销错误记录；在不设借贷的多栏式账页中，登记减少数；在三栏式账户的余额栏前，如未印明余额方向的，在余额栏内登记负数余额；根据国家统一的会计制度规定可以用红字登记的其他会计记录。会计中的红字表示负数，因此，除上述情况外，不得用红色墨水登记账簿。

6. 顺序连续登记

记账时，必须按账户的页次逐页、逐行登记，不得隔页、跳行。如发生隔页、跳行现象，应在空页、空行处用红色墨水划对角线注销，或者注明"此页空白"或"此行空白"字样，并由登记人员和会计机构负责人（会计主管人员）签章。

7. 结出余额

凡需要结出余额的账户，结出余额后，应当在"借或贷"栏目内注明"借"或"贷"字样，以示余额的方向；对于没有余额的账户，应在"借或贷"栏内写"平"字，并在余额栏内用"0"表示。现金日记账和银行存款日记账必须逐日结出余额。

8. 过次承前

每一账页登记完毕时，应当结出本页发生额合计及余额，在该账页最末一行"摘要"栏注明"转次页"或"过次页"，并将这一金额记入下一页第一行有关金额栏内，在该行"摘要"栏注明"承前页"，以保持账簿记录的连续性，便于对账和结账。

9. 不得刮擦涂改

如发生账簿记录错误，不得刮、擦、挖、补或用退色药水更改字迹，而应采用规定的方法更正。

（二）日记账的登记方法

1. 现金日记账的登记方法

登记现金日记账时，除了遵循账簿登记的基本要求外，还应注意以下栏目的填写方法：

（1）"日期"栏中填入的应为据以登记账簿的会计凭证上的日期，现金日记账一般依据记账凭证登记，因此，此处日期为编制该记账凭证的日期。不能填写原始凭证上记载的发生或完成该经济业务的日期，也不是实际登记该账簿的日期。

（2）"凭证编号"栏中应填入据以登账的会计凭证类型及编号。例如，企业采用通用凭证格式，根据记账凭证登记现金日记账时，填入"记×号"；企业采用专用凭证格式，根据现金收款凭证登记现金日记账时，填入"收×号"。

（3）"摘要"栏简要说明入账的经济业务的内容，力求简明扼要。

（4）"对应科目"栏应填入会计分录中"库存现金"科目的对应科目，用以反映库存现金增减变化的来龙去脉。在填写对应科目时，应注意以下三点：第一，对应科目只填总账科目，不需填明细科目。第二，当对应科目有多个时，应填入主要对应科目，如销售产品收到现金，则"库存现金"的对应科目有"主营业务收入"和"应交税费"，此时可在对应科目栏中填入"主营业务收入",在借方金额栏中填入取得的现金总额,而不能将一笔现金增加业务拆分成两个对应科目金额填入两行。第三,当对应科目有多个且不能从科目上划分出主次时,可在对应科目栏中填入其中金额较大的科目,并在其后加上"等"字。如用现金 800 元购买零星办公用品,其中 300 元由车间负担,500 元由行政管理部门负担,则在现金日记账"对应科目"栏中填入"管理费用等",在贷方金额栏中填入支付的现金总额 800 元。

(5)"借方金额"栏、"贷方金额"栏应根据相关凭证中记录的"库存现金"科目的借贷方向及金额记入。

(6)"余额"栏应根据"本行余额=上行余额+本行借方-本行贷方"公式计算填入。正常情况下库存现金不允许出现贷方余额,因此,现金日记账余额栏前未印有借贷方向,其余额方向默认为借方。若在登记现金日记账过程中,由于登账顺序等特殊原因出现了贷方余额,则在余额栏用红字登记,表示贷方余额。

2. 银行存款日记账的登记方法

(1)"日期"栏中填入的应为据以登记账簿的会计凭证上的日期,银行存款日记账一般依据记账凭证登记,因此此处日期为编制该记账凭证的日期。不能填写原始凭证上记载的发生或完成该经济业务的日期,也不是实际登记该账簿的日期。

(2)"凭证字号"栏中应填入据以登账的会计凭证类型及编号。例如,企业采用通用凭证格式,根据记账凭证登记银行存款日记账时,填入"记×号";企业采用专用凭证格式,根据现金收款凭证登记银行存款日记账时,填入"收×号"。

(3)"摘要"栏简要说明入账的经济业务的内容,力求简明扼要。

(4)"对应科目"栏应填入会计分录中"银行存款"科目的对应科目,用以反映银行存款增减变化的来龙去脉。

(5)"借方金额"栏、"贷方金额"栏应根据相关凭证中记录的"银行存款"科目的借贷方向及金额记入。

(6)"余额"栏应根据"本行余额=上行余额+本行借方-本行贷方"公式计算填入。正常情况下银行存款不允许出现贷方余额,因此,银行存款日记账余额栏前未印有借贷方向,其余额方向默认为借方。若在登记银行存款日记账过程中,由于登账顺序等特殊原因出现了贷方余额,则在余额栏用红字登记,表示贷方余额。

四、实验资料

沿用实验四的资料,HWD 食品厂 2015 年 12 月初库存现金余额为 1900 元,银行存款余额为 514 000 元。

根据 HWD 食品厂 2015 年 12 月份的部分业务进行现金日记账和银行存款日记账的登记。

（1）12月1日，用库存现金购买办公用品350元。

榆林市商业普通发票
发 票 联

客户名称：HWD食品厂　　　2015 年 12 月 01 日　　　No.111000520098

编号	商品名称	规格	单位	数量	单价	金额							
						万	千	百	十	元	角	分
001	黑色签字笔		盒	5	20	¥		1	0	0	0	0
005	笔记本		个	50	2	¥		1	0	0	0	0
006	A4打印纸		箱	1	150	¥		1	5	0	0	0
			小写金额合计			¥		3	5	0	0	0
合计金额（大写）			叁佰伍拾元整									

单位盖章　　　　　　　　　开票人：张明　　　　　　　收款人：李强

记账凭证　　　　　　第 1 号
2015 年 12 月 01 日

摘要	科目	子目或户名	借方金额									贷方金额									登账
			百	十	万	千	百	十	元	角	分	百	十	万	千	百	十	元	角	分	
购买办公用品	管理费用					¥	3	5	0	0	0										
	库存现金														¥	3	5	0	0	0	
	合计					¥	3	5	0	0	0				¥	3	5	0	0	0	

会计主管：刘婷　　记账：张娜　　出纳　　审核　　制单：刘楠

（2）12月2日，公司供应科业务员李明出差，预支差旅费800元，付现金。

借款单
2015 年 12 月 02 日

借款人：李明	所属部门：供应科
用途：出差	
借款数额：人民币（大写）捌佰元整	小写：¥800.00
部门负责人审核及签字：张伟	日期：2015 年 12 月 02 日
财务部门审核及签字：刘婷	日期：2015 年 12 月 02 日
单位负责人批示及签字：张亮	日期：2015 年 12 月 02 日
借款人取得现金确认：李明	

现金付讫　出纳：马梅

记账凭证 第 2 号

2015 年 12 月 02 日

摘要	科目	子目或户名	借方金额 百十万千百十元角分	贷方金额 百十万千百十元角分	登账
预借差旅费	其他应收款	李明	￥ 8 0 0 0 0		
	库存现金			￥ 8 0 0 0 0	
	合 计		￥ 8 0 0 0 0	￥ 8 0 0 0 0	

会计主管：刘婷　　　记账：张娜　　　出纳　　　审核　　　制单：刘楠

（3）12 月 4 日，销售给 XJY 超市饼干 100 件，每件 1 000 元，价款已全部收到，存入银行。

陕西省增值税专用发票
发票联

开票日期：2015 年 12 月 04 日　　　　No. 610152735

购货单位	名 称	XJY 超市	纳税人登记号	612724010356789			
	地址、电话	陕西省榆林市榆林大道 8 号	开户银行及账号	中国建设银行人民路支行 20187635			

货物或劳务名称	规格型号	计量单位	数量	单价	金额 百十万千百十元角分	税率(%)	税额 百十万千百十元角分
面包		件	100	1000	￥ 1 0 0 0 0 0 0 0	17	￥ 1 7 0 0 0 0 0
合 计					￥ 1 0 0 0 0 0 0 0		￥ 1 7 0 0 0 0 0

价税合计	壹拾壹万柒仟元整	￥117 000.00
备 注		

销货单位	名 称	HWD 食品厂	税务登记号	612724010758643
	地址、电话	陕西省榆林市柳营路 7 号	开户银行及账号	中国建设银行人民路支行 20063612

收款人：　　　复核：　　　开票：高敏　　　销售方：（章）

中国建设银行 现金缴款单

2015 年 12 月 04 日

单位填写	收款单位	HWD食品厂		交款人		马梅							
	账 号	20063612		款项来源		销售收入							
	（大写）人民币壹拾壹万柒仟元整				百	十万	千	百	十	元	角	分	
					¥	1	1	7	0	0	0	0	0

银行专用栏	交易码：0810 现金存入	柜员交易号：75674546487454970
	单位名称：HWD食品厂	
	单位账号：20063612	起息日期：2015.12.04
	币种及金额（大写）人民币壹拾壹万柒仟元整	
	（小写）RMB117 000.00	
	摘要：	任务号：1256485431668 79533321

会计主管：　　　　　复核：　　　　　记账：

记账凭证　　　　　第 3 号

2015 年 12 月 04 日

摘要	科目	子目或户名	借方金额									贷方金额									登账
			百	十	万	千	百	十	元	角	分	百	十	万	千	百	十	元	角	分	
销售商品	银行存款		¥	1	1	7	0	0	0	0	0										
	主营业务收入	饼干										¥	1	0	0	0	0	0	0	0	
	应交税费	增值税(销项)											¥	1	7	0	0	0	0	0	
	合 计		¥	1	1	7	0	0	0	0	0	¥	1	1	7	0	0	0	0	0	

会计主管：刘婷　　　记账：张娜　　　出纳　　　审核　　　制单：刘楠

（4）12月5日，李明出差回来，报销差旅费850元，不足部分用现金补齐。

费用报销单

部门：供应科	2015 年 12 月 05 日		单据及附件共 6 页
用　途	金　额	备注	
交通费	¥400.00		
住宿费	¥200.00	领导审批	张亮 2015年12月06日
伙食费	¥250.00		
合　计	¥850.00		
金额大写：捌佰伍拾元整	原借款：¥800.00元		应补款：¥50.00元

【现金付讫】

210D039880	
西安 站　　K8188▶　　榆林 站	
Xi'an　　　　　　　　　　Yulin	
2015 年 12 月 05 日 09:00 开　　09 车 14 号下铺	
￥200 元　　　　　　　新空调硬卧	
限乘当日当次车	
612724********3867　李明	
中国铁路祝您旅途愉快	
39473312100226D039880　　西安站售	

210D039875	
榆林站　　K8168▶　　西安站	
Yulin　　　　　　　　　　Xi'an	
2015 年 12 月 03 日 11:00 开　　11 车 12 号下铺	
￥200 元　　　　　　　新空调硬卧	
限乘当日当次车	
612724********3867　李明	
中国铁路祝您旅途愉快	
39473312100226D039765　　榆林站售	

陕西省有奖网络在线通用发票（西安）

开票日期：2015 年 12 月 05 日　　　　发票联　　　　发票代码 261011300651

付款单位（个人）：HWD 食品厂　　　　　　　　　发票号码 06854154

行业类别：服务业	机打票号 26101130065106854154	密码区 
查询码：60797801902052738089	防伪码：50255095172145432714	
项目　旅店业住宿费	金额 200.00	
合计（大写）贰佰元整	小写：￥200.00 元	
备注：发票接收方务必登录陕西地税 www.12366sds.gov.cn 进行真伪查询，如查询结果与票面不一致，请速拨打陕西地税 12366 进行举报		
收款单位税号：610103683890427		开票人：王佳
收款单位：（盖章有效专用陕西 CA 明珠酒店		

陕西省西安市餐饮娱乐业定额发票

　　　　　　　　　　发票联　　　　　　西安地税（99A）

客户名称：	N0.5665310	报
	金额：贰佰元	销
收款单位		凭
收款人		证
	2015 年 12 月 5 日	

陕西省西安市餐饮娱乐业定额发票

发票联　　　　　　　　　西安地税（99A）

客户名称：		No.5665310	报销凭证
	金额：伍拾元		
收款单位：			
收款人：			

（印章：西安市LJ大饭店　西安税务局发票专用章）

2015 年 12 月 5 日

记账凭证　　　　　第 _4_ 号

2015 年 12 月 06 日

摘要	科目	子目或户名	借方金额 百十万千百十元角分	贷方金额 百十万千百十元角分	登账
报销差旅费	管理费用		¥ 8 5 0 0 0		
	其他应收款	李明		¥ 8 0 0 0 0	
	库存现金			¥ 5 0 0 0	
合计			¥ 8 5 0 0 0	¥ 8 5 0 0 0	

会计主管：刘婷　　记账：张娜　　出纳　　审核　　制单：刘楠

（5）12 月 8 日，从银行提取现金 2 000 元备用。

中国建设银行现金支票存根
支票号码
附加信息＿＿＿＿＿＿
出票日期 2015 年 12 月 08 日
收款人：HWD 食品厂
金额：¥2 000
用途：库存现金
单位主管：马梅　会计：张娜

记账凭证　　　　第 5 号

2015 年 12 月 08 日

摘要	科目	子目或户名	借方金额	贷方金额	登账
提取现金	库存现金		¥200000		
	银行存款			¥200000	
	合　计		¥200000	¥200000	

会计主管：刘婷　　记账：张娜　　出纳　　审核　　制单：刘楠

（6）12 月 10 日，向银行借入的为期 3 个月的借款已经到期，通知银行以存款偿还借款 100 000 元。

中国建设银行转账支票存根		中国建设银行　　转账支票　　陕　支票号码 612724011843
支票号码 612724011843		出票日期：贰零壹伍年壹拾贰月壹拾日　付款行名称：中国建设银行人民路支行
附加信息＿＿＿＿＿＿		收款人：中国建设银行人民路支行　出票人账号：20063612
出票日期 2015 年 12 月 10 日		人民币　（大写）拾万元整　　¥100 000 00
收款人：HWD 食品厂		用途：归还借款　　　科目（借）＿＿＿
金额：¥100 000.00		上列款项请从我账户内支付　对方科目（贷）＿＿＿
用途：归还借款		（财务专用章 HWD）
单位主管：　会计：		出票人签章　　复核　　记账

记账凭证　　　　第 6 号

2015 年 12 月 10 日

摘要	科目	子目或户名	借方金额	贷方金额	登账
偿还借款	短期借款		¥10000000		
	银行存款			¥10000000	
	合　计		¥10000000	¥10000000	

会计主管：刘婷　　记账：张娜　　出纳　　审核　　制单：刘楠

(7) 12月12日，以银行存款偿还短期借款利息2 500元。

中国建设银行转账支票存根		
支票号码 612724011844		
附加信息 _____		
出票日期 2015年12月12日		
收款人：中国建设银行		
金额：¥2 500.00		
用途：归还借款利息		
单位主管： 会计：		

中国建设银行　　转账支票	陕 支票号码 612724011844
出票日期：贰零壹伍年壹拾贰月壹拾贰日	付款行名称：中国建设银行人民路支行
收款人：中国建设银行人民路支行	出票人账号：20063612

人民币　亿千百十万千百十元角分　　¥ 2 5 0 0 0 0

（大写）贰仟伍佰元整

用途：归还借款利息
上列款项请从
我账户内支付
出票人签章

科目（借）_____
对方科目（贷）_____
复核　财务专用章　记账

记账凭证　　第 7 号
2015年12月12日

摘要	科目	子目或户名	借方金额	贷方金额	登账
归还借款利息	应付利息		¥ 2 5 0 0 0 0		
	银行存款			¥ 2 5 0 0 0 0	
	合　计		¥ 2 5 0 0 0 0	¥ 2 5 0 0 0 0	

会计主管：刘婷　　记账：张娜　　出纳　　审核　　制单：刘楠

(8) 12月15日，从银行提取现金50 000元备发工资。

中国建设银行现金支票存根	
支票号码 612724011820	
附加信息 _____	
出票日期 2015年12月15日	
收款人：HWD食品厂	
金额：¥50 000.00	
用途：提取现金备用	
单位主管： 会计：	

中国建设银行　　现金支票	陕 支票号码 612724011820
出票日期：贰零壹伍年壹拾贰月壹拾伍日	付款行名称：中国建设银行人民路支行
收款人：HWD食品厂	出票人账号：20063612

人民币　亿千百十万千百十元角分　　¥ 5 0 0 0 0 0 0

（大写）伍万元整

用途：提取现金备用
上列款项请从
我账户内支付
出票人签章　财务专用章

科目（借）_____
对方科目（贷）_____
复核　　　记账

记账凭证 第 8 号
2015 年 12 月 15 日

摘要	科目	子目或户名	借方金额 百十万千百十元角分	贷方金额 百十万千百十元角分	登账
提取现金备用	库存现金		¥ 5 0 0 0 0 0 0		
	银行存款			¥ 5 0 0 0 0 0 0	
	合计		¥ 5 0 0 0 0 0 0	¥ 5 0 0 0 0 0 0	

会计主管：刘婷　　记账：张娜　　出纳　　审核　　制单：刘楠

（9）12 月 15 日，以现金支付公司职工的工资 50 000 元。

记账凭证 第 9 号
2015 年 12 月 04 日

摘要	科目	子目或户名	借方金额 百十万千百十元角分	贷方金额 百十万千百十元角分	登账
发放工资	应付职工薪酬		¥ 5 0 0 0 0 0 0		
	库存现金			¥ 5 0 0 0 0 0 0	
	合计		¥ 5 0 0 0 0 0 0	¥ 5 0 0 0 0 0 0	

会计主管：刘婷　　记账：张娜　　出纳　　审核　　制单：刘楠

（10）12 月 20 日，以现金支付公司办公人员市内交通费 230 元。

费用报销单
部门：供应科　　2015 年 12 月 20 日　　单据及附件共 12 页

用途	金额	备注	
交通费	¥ 230.00	领导审批	张亮 2015 年 12 月 20 日
住宿费			
伙食费			
	现金付讫		
合计	¥ 230.00		
金额大写：捌佰肆拾元整	原借款：¥ 0.00 元	应补款：¥ 230.00 元	

榆林市公共汽车公司	榆林市公共汽车公司	榆林市公共汽车公司	榆林市公共汽车公司
无人售票车专用	无人售票车专用	无人售票车专用	无人售票车专用
贰元　￥2.00元	贰元　￥2.00元	贰元　￥2.00元	贰元　￥2.00元
NO 0230987	NO 0230783	NO 0230846	NO 0230849

榆林市公共汽车公司	榆林市公共汽车公司	榆林市公共汽车公司
无人售票车专用	无人售票车专用	无人售票车专用
贰元　￥2.00元	贰元　￥2.00元	贰元　￥2.00元
NO 0230999	NO 0230787	NO 0230850

陕西省国家税务局通用机打发票	陕西省国家税务局通用机打发票	陕西省国家税务局通用机打发票	陕西省国家税务局通用机打发票
发票代码 161001418	发票代码 161001418	发票代码 161001418	发票代码 161001418
发票号码 66313375	发票号码 66313468	发票号码 66313765	发票号码 66313834
监督电话：3880940	监督电话：3880940	监督电话：3880940	监督电话：3880940
经营单位编号：00021	经营单位编号：00021	经营单位编号：00021	经营单位编号：00021
电话：3637618	电话：3637623	电话：3637645	电话：3637662
证号：1007112	证号：1007115	证号：1007116	证号：1007110
车号：陕KT00322	车号：陕KT00377	车号：陕KT00225	车号：陕KT00621
日期：2015-12-06	日期：2015-12-10	日期：2015-12-14	日期：2015-12-15
上车：10:15	上车：11:10	上车：14:05	上车：9:15
下车：10:40	下车：12:00	下车：14:40	下车：9:40
单价：1.5	单价：1.5	单价：1.5	单价：1.5
里程：30	里程：38	里程：50	里程：26
金额：45	金额：57	金额：75	金额：39

记账凭证 第 10 号

2015 年 12 月 20 日

摘要	科目	子目或户名	借方金额 百十万千百十元角分	贷方金额 百十万千百十元角分	登账
报销车费	管理费用		¥ 2 3 0 0 0		
	库存现金			¥ 2 3 0 0 0	
	合计		¥ 2 3 0 0 0	¥ 2 3 0 0 0	

会计主管：刘婷　　记账：张娜　　出纳　　审核　　制单：刘楠

（11）12 月 22 日，以银行存款支付广告费 1 500 元。

中国建设银行转账支票存根	中国建设银行　转账支票　陕　支票号码 612724011912
支票号码 612724011912	出票日期：贰零壹伍年壹拾贰月贰拾贰日　付款行名称：中国建设银行人民路支行
附加信息＿＿＿＿＿	收款人：CY 广告公司　　出票人账号：20063612
出票日期 2015 年 12 月 22 日	人民币　亿千百十万千百十元角分
收款人：CY 广告公司	（大写）壹仟伍佰元整　　¥ 1 5 0 0 0 0
金额：¥ 1 500.00	用途：广告费
用途：广告费	上列款项请从我账户内支付
单位主管：　　会计：	出票人签章　　　复核　　　记账

记账凭证 第 11 号

2015 年 12 月 22 日

摘要	科目	子目或户名	借方金额 百十万千百十元角分	贷方金额 百十万千百十元角分	登账
广告费	销售费用		¥ 1 5 0 0 0 0		
	银行存款			¥ 1 5 0 0 0 0	
	合计		¥ 1 5 0 0 0 0	¥ 1 5 0 0 0 0	

会计主管：刘婷　　记账：张娜　　出纳　　审核　　制单：刘楠

实验六　总分类账与明细分类账的登记

一、实验目的

通过本次实验,使学生了解总账的内容及格式、明细账的种类;熟悉各种明细账的适用范围和登记方法,以及各种明细账的结账规则;掌握总账与明细账的平行登记。

二、实验要求

(1)根据资料开设"明细分类账"和"总分类账"并登记期初余额。
(2)根据填制的记账凭证登记开设的"明细分类账"和"总分类账"并结账。

三、实验指导

(一)总分类账与明细分类账的登记要求

(1)必须根据审核无误的会计凭证,及时地登记各类账簿,以保证账簿记录的准确性。

(2)登记账簿的同时,要在记账凭证的登账栏内打上"√",表示已经登记入账,以免重记、漏记;有关人员签名或者盖章。

(3)账簿摘要栏和金额栏中的文字和数字书写要规整、易于辨认。书写留空一般应占格距的1/2。

(4)有余额的账户,结出余额后,应当在"借与贷"栏内写明"借"或"贷";没有余额的,写明"平"。

(5)正常记账使用蓝黑墨水或碳素墨水。

(6)顺序连续登记,不得隔页、跳行,如果发生了隔页、跳行,应当将空页、空行用红线画对角线注销,加盖"作废"字样及有关人员签名盖章。

(7)每页登记完毕结转下页时,应结出本页合计数及余额,并在本页的最后一行和下页第一行摘要栏内注明"过次页"和"承前页"。

(8)在记账的过程中,如果账簿记录发生错误,不得任意采用擦、挖、刮、涂等方式。

(二)总分类账的登记方法

总分类账最常用的格式是三栏式:设置借方、贷方和余额三个基本栏目。总分类账的登记依据和方法主要取决于所采用的账务处理程序。它可以直接根据记账凭证逐笔登记,也可以通过一定的汇总方式,先把各种记账凭证编制成科目汇总表或汇总记账凭证,再据以登记。不论采用哪种方法登总账,每月都应将本月发生的经济业务全部登记入账,并于月终结出各账户的本期发生额和期末余额。

总分类账账页中各项目的登记方法如下:

（1）日期栏：在逐日逐笔登记总账的方式下，填写业务发生的具体日期，即记账凭证的日期；在汇总登记总账的方式下填写汇总凭证的日期。

（2）凭证字号栏：填写登记总账所依据的凭证的字和号。在依据记账凭证登记总账的情况下，填写记账凭证的字、号。在依据科目汇总表的情况下，填写"科汇"字及其编号。在依据汇总记账凭证登记总账的情况下，填写"现 银 汇收"字及其编号、"现 银 汇付"字及其编号和"汇转"字及其编号。在依据多栏式日记账登记总账的情况下，可填写日记账的简称如现金收入日记账可缩写为"现收账"，现金支出日记账可缩写为"现支账"，银行存款多栏式日记账的缩写方法同现金多栏式日记账的缩写方法。

（3）摘要栏：填写所依据的凭证的简要内容。对于依据记账凭证登记总账的单位，应与记账凭证中的摘要内容一致。对于依据科目汇总表登记总账的单位，应填写"某月科目汇总表"或"某月某日的科目汇总表"字样。对于依据汇总记账凭证登记总账的单位，应填写每一张汇总记账凭证的汇总依据，即依据第几号记账凭证至第几号记账凭证而来。对于依据多栏式日记账登记总账的单位应填写日记账的详细名称。

（4）对方科目栏：填写与总账账户发生对应关系的总账账户的名称。

（5）借、贷方金额栏：填写所依据的凭证上记载的各总账账户的借方或贷方发生额。

（6）借或贷栏：登记余额的方向。如余额在借方，则写"借"字。如余额在贷方，则写"贷"字。如果期末余额为零，则在"借或贷"栏写"平"字，并在"余额"栏的中间划一个"/"符号。

棋盘式总分类账主要是根据汇总记账凭证填入本期这两个对应科目发生额合计数。登记科目时，先填入资产类科目，再填入负债及所有者权益类科目，也可以按发生业务的先后顺序填写科目。月末结账时：

（1）资产类科目的余额的计算。从棋盘式总分类账簿上看，是从横栏某资产类科目，找到它的期初余额和本期借方发生额，相加之后，减去该科目竖栏的贷方本期发生额，得出的数字则是该科目的期末借方余额。即：

期初借方余额+本期借方发生额－本期贷方发生额=期末借方余额

（2）负债及所有者权益类科目的余额的计算。从棋盘式总分类账簿上看，是从竖栏某负债及所有者权益类科目，找到它的期初余额和本期贷方发生额，相加之后，减去该科目横栏的借方本期发生额，得出的数字则是该科目的期末贷方余额。即：

期初贷方余额+本期贷方发生额－本期借方发生额=期末贷方余额

首先根据记账凭证顺序逐笔登记有关明细分类账，然后再登记总分类账。登记总分类账时可根据不同情况和要求逐笔登记或汇总登记。汇总登记时，可以采用科目汇总表的方式，也可以采用汇总记账凭证的方式，记入总账借方或贷方的金额，同记入所属明细账借方或贷方金额的合计数应相等，总账余额同所属明细账余额的合计数亦相等。

（三）明细分类账的登记方法

明细分类账的格式有三栏式、数量金额式及多栏式等多种，本次实验主要学习三栏式和数量金额式的登记方法。

1. 三栏式明细分类账的登记方法

三栏式明细分类账适用于只进行金额核算的明细账户，一般根据记账凭证逐笔登记。三栏式账页中一般设有"日期""凭证字号""摘要""借方""贷方"和"余额"栏，登记时根据记账凭证依次填入各栏目内容，并结计余额。

2. 数量金额式明细分类账的登记方法

数量金额式明细分类账用于既要进行金额核算又要进行数量核算的各项财产物资的明细账户，如原材料、库存商品的明细分类账。

数量金额式账页格式与三栏式账页格式的差别在于：三栏式账页只进行货币量核算，设"借""贷""余"三个金额栏；而数量金额式账页既进行货币量核算，又进行实物量核算，设有"收入""发出"和"结存"三个栏目，并在各栏下分设"数量""单价""金额"三个项目。数量金额式明细分类账一般采用简化的账簿登记流程，根据原材料、库存商品等存货的收入、发出原始凭证直接逐笔填列。

登记数量金额式明细分类账时应注意：

（1）根据原材料、库存商品等存货的收入、发出原始凭证逐笔登记数量金额式明细分类账时，账页中"日期"栏填入据以入账的原始凭证日期，"凭证字号"栏填入据以入账的原始凭证种类及编号。

（2）登记原材料、库存商品等存货的收入、发出以及结计结存时，要同时在账簿中登记数量、单价及金额三项内容。

（3）一般来讲，原材料、库存商品等存货账户不应出现负结存，因此在数量金额式账页中未设结存方向栏。若由于特殊原因，在账面上出现负结存，则在结存栏中用红字登记。

（四）总账与明细账的平行登记

为了使总分类账与其所属的明细分类账相互之间能起到统驭与补充的作用，满足各单位经济管理对总括会计信息和详细会计信息的需要，确保核算资料的正确、完整，以及便于账户的核对，在总分类账及其所属的明细分类账之间进行记录，必须采用平行登记的方法。所谓平行登记，是指经济业务发生后，根据同一会计凭证，一方面登记有关总分类账户，另一方面登记该总分类账所属各有关明细分类账户。

由于明细分类账的格式不同，有三栏式，也有多栏式，因此，采用平行登记规则，应注意以下要点。

1. 登记的期间和依据相同

对于每一项经济业务，应根据审核无误后的同一凭证，在同一期间内一方面记入有关的总分类账户，另一方面记入该总分类账所属的有关各明细分类账户。这里所指的同期是指在同一会计期间，而并非同一时点。因为明细分类账一般根据记账凭证或原始凭证于平时逐笔登记，而总分类账户因会计核算形式不同，不可能在平时逐笔登记，而一般是定期汇总登记，但二者必须在同一会计期间内完成。

2. 登记的方向一致

这里所指的方向，是指所体现的变动方向，而并非是指账户的借贷方向。一般情况下，总分类账及其所属的明细分类账都按借方、贷方和余额设专栏登记。这时，在总分类账与其所属明细分类账中的记账方向是相同的，如原材料账户和债权、债务结算账户（总账与明细账都是三栏式）即属于这种情况。但如果总分类账采用三栏式而其所属的明细分类账采用多栏式格式时，对于某项需要冲减有关项目金额的事项，在明细账中，只能用红字记入其相反的记账方向，而与总分类账中的方向不一致。如上述的"生产成本"明细分类账户，借方按其组成项目设置多栏，发生退料需冲减原材料费用时，总分类账用蓝字记入贷方，而明细账则以红字记入"生产成本"账户借方的原材料项目，以其净发生额来反映原材料费用支出。但是，在总分类账及其所属的明细分类账中，就不可能按相同的记账方向（指借贷方向）进行登记，但其体现的变动方向是一致的，都表示冲减领用材料费用数额。

3. 登记的金额相等

总分类账户提供总括指标，明细分类账户提供总分类账户所反映内容的详细指标。所以，记入总分类账的金额与记入其所属各明细分类账的金额相等。但这种金额相等只表明其数量相等，而不一定都是借方发生额相等和贷方发生额相等的关系。如上例"生产成本"账户的明细账采用多栏式时，在本月既有领用材料也有退料的情况下，退料金额在"生产成本"总分类账户登记在贷方，而明细分类账则用红字登记在借方。总分类账与明细分类账的借、贷方发生额就不一致，但体现抵减原材料费用支出的数额是相等的。

综上所述，总分类账户与其所属的明细分类账户，按平行登记规则进行登记，一般可以概括为：依据相同，方向一致，金额相等。而不是"借贷方向一致，借贷方金额相等"。即要注意对"方向一致，金额相等"的正确理解。

在会计核算工作中，可以利用上述关系检查账簿记录的正确性。检查时，根据总分类账与明细分类账之间的数量关系，编制明细分类账的本期发生额和余额明细表，同其相应的总分类账户本期发生额和余额相互核对，以检查总分类账与其所属明细分类账记录的正确性。明细分类账户本期发生额和余额明细表根据不同的业务内容，可以分别采用不同的格式。

四、实验资料

沿用实验四的资料：2015年12月1日，HWD食品厂"原材料""应收账款"和"应付账款"总分类账户及其所属的明细分类账户的余额如下：

原材料期初库存情况如表 6.1 所示。

表 6.1 原材料期初结存表

名　称	计量单位	数　量	单　价	金　额
面粉	袋	40	200	8 000
牛奶	千克	50	4	200
鸡蛋	千克	150	10	1 500
白砂糖	千克	250	8	2 000
植物油	千克	250	24	6 000
合计				17 700

应收账款总额为 513 000 元。其中，应收 HMT 超市 171 000 元，HRZ 超市 223 000 元，XJY 超市 119 000 元。应付账款总额为 173 000 元。其中，应付榆林面粉厂 53 000 元，榆林油脂厂 48 000 元，榆林市南郊农场 10 000 元，原生态养鸡场 32 000 元，榆林蔗糖厂 30 000 元。

根据 HWD 食品厂 2015 年 12 月份的部分业务进行总分类账和明细分类账的登记。

（1）12 月 3 日，从榆林市面粉厂购入特级面粉 200 袋，增值税发票上注明的买价为 40 000 元，增值税 6 800 元，合计 46 800 元，面粉已经验收入库，款项尚未支付。

陕西省增值税专用发票
发票联

开票日期：2015 年 12 月 03 日　　　　　　　　　　No.610152964

购货单位	名　称	HWD 食品厂			纳税人登记号				612724010758643											
	地址、电话	陕西省榆林市柳营路 7 号			开户银行及账号				中国建设银行人民路支行 20063612											
货物或劳务名称	规格型号	计量单位	数量	单价	金　额								税率(%)	税　额						
					百	十	万	千	百	十	元	角	分		百	十	万	千	百	十	元	角	分
面粉	特级	袋	200	200	¥	4	0	0	0	0	0	0		17			¥	6	8	0	0	0	0
合　计						¥	4	0	0	0	0	0	0				¥	6	8	0	0	0	0
价税合计	肆万陆仟捌佰元整												￥46 800.00										
备　注																							
销货单位	名　称	榆林市面粉厂			税务登记号				612724010356745											
	地址、电话	陕西省榆林市上郡路 2 号			开户银行及账号				中国建设银行新建路支行 20011103											

收款人：　　　　　复核：　　　　　开票：张丽　　　　　销售方：（章）

收 料 单

供货单位：榆林市面粉厂
发票号码：610152964　　　2015 年 12 月 03 日　　　收货仓库：原料库

材料类别	名称及规格	计量单位	数量		实际成本			此联财务留存
			应收	实收	单价	金额	运杂费等	合计
原材料	特级面粉	袋	200	200	200	40 000		40 000

验收：崔超　　　保管：　　　记账：　　　制单：李明

记 账 凭 证　　　第 1 号

2015 年 12 月 03 日

摘 要	科 目	子目或户名	借方金额										贷方金额										登账
			百	十	万	千	百	十	元	角	分	百	十	万	千	百	十	元	角	分	
采购材料	原材料				¥	4	0	0	0	0	0										
	应交税费	增值税（进项）			¥	6	8	0	0	0											
	应付账款	榆林面粉厂												¥	4	6	8	0	0	0	0	
	合　计				¥	4	6	8	0	0	0			¥	4	6	8	0	0	0	0	

会计主管：刘婷　　记账：张娜　　出纳　　审核　　制单：刘楠

（2）12 月 3 日，从榆林市南郊农场购进牛奶 500 千克，价款 2 000 元，增值税 340 元，牛奶已经验收入库，价款尚未支付。

收 料 单

供货单位：榆林市南郊农场
发票号码：610152970　　　2015 年 12 月 03 日　　　收货仓库：冷藏库

材料类别	名称及规格	计量单位	数量		实际成本			此联财务留存
			应收	实收	单价	金额	运杂费等	合计
原材料	鲜牛奶	千克	500	500	4	2 000		2 000

验收：崔超　　　保管：　　　记账：　　　制单：李明

陕西省增值税专用发票

发 票 联

开票日期：2015 年 12 月 03 日　　　　　　　　　　　　　　No. 610152970

购货单位	名　称	HWD 食品厂			纳税人登记号								612724010758643										
	地址、电话	陕西省榆林市柳营路7号			开户银行及账号								中国建设银行人民路支行 20063612										

货物或劳务名称	规格型号	计量单位	数量	单价	金额									税率(%)	税额									
					百	十	万	千	百	十	元	角	分		百	十	万	千	百	十	元	角	分
牛奶		千克	500	4			¥	2	0	0	0	0	0	17				¥	3	4	0	0	0
合　计							¥	2	0	0	0	0	0					¥	3	4	0	0	0
价税合计	贰仟叁佰肆拾元整																	¥	2	3	4	0	0
备　注																							

销货单位	名　称	榆林市南郊农场	税务登记号	612724010356758
	地址、电话	陕西省榆林市上郡路6号	开户银行及账号	中国建设银行新建支行 20020220

收款人：　　　　　复核：　　　　　开票：马红　　　　　销售方：（章）

记账凭证　　　　　　　　　第 2 号

2015 年 12 月 03 日

摘要	科　目	子目或户名	借方金额									贷方金额									登账
			百	十	万	千	百	十	元	角	分	百	十	万	千	百	十	元	角	分	
采购材料	原材料					¥	2	0	0	0	0	0										
	应交税费	增值税（进项）					¥	3	4	0	0	0										
	应付账款	南郊农场														¥	2	3	4	0	0	0
	合　计					¥	2	3	4	0	0	0				¥	2	3	4	0	0	0

会计主管：刘婷　　记账：张娜　　出纳　　审核　　制单：刘楠

（3）12月4日，生产车间领用面粉80袋，牛奶250千克，白砂糖50千克，植物油100千克，鸡蛋75千克，用于生产面包、饼干、蛋糕。具体耗费见领料单。

领 料 单

领用部门：生产车间　　　　　2015 年 12 月 04 日　　　　　　　　　编号 12-1

用途	材料名称	面粉	规格型号	特级	计量单位	袋	
	请领	实发	单位成本	成本	备注		
生产用	30	30	200	6 000	面包车间		
	30	30	200	6 000	饼干车间		
	20	20	200	4 000	蛋糕车间		
合 计	80	80	200	16 000			

发料人：崔超　　　　　　　领料单位负责人：张康　　　　　　　领料人：李杰

领 料 单

领用部门：生产车间　　　　　2015 年 12 月 04 日　　　　　　　　　编号 12-2

用途	材料名称	牛奶	规格型号		计量单位	千克	
	请领	实发	单位成本	成本	备注		
生产用	50	50	4	200	面包车间		
	50	50	4	200	饼干车间		
	150	150	4	600	蛋糕车间		
合 计	250	250	4	1 000			

发料人：崔超　　　　　　　领料单位负责人：张康　　　　　　　领料人：李杰

领 料 单

领用部门：生产车间　　　　　2015 年 12 月 04 日　　　　　　　　　编号 12-3

用途	材料名称	蔗糖	规格型号	特级	计量单位	千克	
	请领	实发	单位成本	成本	备注		
生产用	15	15	8	120	面包车间		
	10	10	8	80	饼干车间		
	25	25	8	200	蛋糕车间		
合 计	50	50	8	400			

发料人：崔超　　　　　　　领料单位负责人：张康　　　　　　　领料人：李杰

领 料 单

领用部门：生产车间　　　　　　2015 年 12 月 04 日　　　　　　　　编号 12-4

用 途	材料名称 植物油		规格型号	计量单位 千克	
	请领	实发	单位成本	成本	备注
生产用	25	25	24	600	面包车间
	35	35	24	840	饼干车间
	40	40	24	960	蛋糕车间
合 计	100	100	24	2 400	

发料人：崔超　　　　　　领料单位负责人：张康　　　　　　领料人：李杰

领 料 单

领用部门：生产车间　　　　　　2015 年 12 月 04 日　　　　　　　　编号 12-5

用 途	材料名称 鸡蛋		规格型号	计量单位 千克	
	请领	实发	单位成本	成本	备注
生产用	35	35	10	350	饼干车间
	40	40	10	400	蛋糕车间
合 计	75	75	10	750	

发料人：崔超　　　　　　领料单位负责人：张康　　　　　　领料人：李杰

记账凭证　　　第 3-1/3 号

2015 年 12 月 04 日

摘 要	科 目	子目或户名	借方金额	贷方金额	登账
			百十万千百十元角分	百十万千百十元角分	
领用材料	生产成本	饼干	￥7 4 7 0 0 0		
	原材料	面粉		￥6 0 0 0 0 0	
		牛奶		￥2 0 0 0 0	
		鸡蛋		￥3 5 0 0 0	
		白砂糖		￥8 0 0 0	
		植物油		￥8 4 0 0 0	
	合 计		￥7 4 7 0 0 0	￥7 4 7 0 0 0	

会计主管：刘婷　　　记账：张娜　　　出纳　　　审核　　　制单：刘楠

记账凭证　　　　　　　第 3-2/3 号

2015 年 12 月 04 日

摘要	科目	子目或户名	借方金额 百十万千百十元角分	贷方金额 百十万千百十元角分	登账
领用材料	生产成本	蛋糕	￥6 1 6 0 0 0		
	原材料	面粉		￥4 0 0 0 0 0	
		牛奶		￥6 0 0 0 0	
		鸡蛋		￥4 0 0 0 0	
		白砂糖		￥2 0 0 0 0	
		植物油		￥9 6 0 0 0	
	合　计		￥6 1 6 0 0 0	￥6 1 6 0 0 0	

会计主管：刘婷　　　记账：张娜　　　出纳　　　审核　　　制单：刘楠

记账凭证　　　　　　　第 3-3/3 号

2015 年 12 月 04 日

摘要	科目	子目或户名	借方金额 百十万千百十元角分	贷方金额 百十万千百十元角分	登账
领用材料	生产成本	面包	￥6 9 2 0 0 0		
	原材料	面粉		￥6 0 0 0 0 0	
		牛奶		￥2 0 0 0 0	
		植物油		￥6 0 0 0 0	
		白砂糖		￥1 2 0 0 0	
	合　计		￥6 9 2 0 0 0	￥6 9 2 0 0 0	

会计主管：刘婷　　　记账：张娜　　　出纳　　　审核　　　制单：刘楠

（4）12 月 5 日，签发转账支票一张，归还前欠榆林市面粉厂的货款 50 000 元。

中国建设银行转账支票存根

支票号码 10503720-3758681

附加信息_____

出票日期 2015 年 12 月 5 日

收款人：榆林市面粉厂

金额：￥50 000.00

用途：归还货款

单位主管　　　会计

中国建设银行　转账支票　　陕　支票号码 10503720-3758681

出票日期：贰零壹伍年壹拾贰月零伍日　　付款行名称：中国建设银行人民路支行

收款人：榆林市面粉厂　　出票人账号：20063612

人民币　　千百十万千百十元角分

（大写）伍万元整　　￥5 0 0 0 0 0 0

用途：归还货款　　科目（借）_____

上列款项请从　　对方科目（贷）_____

我账户内支付

出票人签章（财务专用章）　　复核　　记账

本支票付款期限十天

记账凭证　　　　　　　第 4 号

2015 年 12 月 05 日

摘要	科目	子目或户名	借方金额 百十万千百十元角分	贷方金额 百十万千百十元角分	登账
归还货款	应付账款	榆林市面粉厂	¥ 5 0 0 0 0 0 0		
	银行存款			¥ 5 0 0 0 0 0 0	
	合计		¥ 5 0 0 0 0 0 0	¥ 5 0 0 0 0 0 0	

会计主管：刘婷　　　记账：张娜　　　出纳　　　审核　　　制单：刘楠

（5）12 月 6 日，接到开户银行通知，收回 XJY 超市前欠货款 10 万元。

中国建设银行

2015 年 12 月 06 日

付款人账号：20187635　　　　付款人名称：XJY 园超市
收款人账号：20063612　　　　收款人名称：HWD 食品厂
付款人开户行行号：07142　　　收款人开户行行号：07135
发起行名称：中国建设银行人民路支行　　接受行名称：中国建设银行人民路支行
币种：人民币　　　交易金额：¥100 000.00
大写金额：壹拾万元整

业务种类：转账
交易日期：20151206　　　支付交易序号：65898732
交易种类：大额　　　　入账日志号：6012065761
委托凭证日期：20151206　　委托凭证号码：17302142

记账凭证　　　　　　　第 5 号

2015 年 12 月 06 日

摘要	科目	子目或户名	借方金额 百十万千百十元角分	贷方金额 百十万千百十元角分	登账
收回货款	银行存款		¥ 1 0 0 0 0 0 0 0		
	应收账款	XJY 超市		¥ 1 0 0 0 0 0 0 0	
	合计		¥ 1 0 0 0 0 0 0 0	¥ 1 0 0 0 0 0 0 0	

会计主管：刘婷　　　记账：张娜　　　出纳　　　审核　　　制单：刘楠

（6）12月7日，签发转账支票一张，归还前欠榆林市南郊农场的货款10 000元。

中国建设银行转账支票存根		中国建设银行 转账支票		陕 支票号码 10503720-3758689	
支票号码 10503720-3758689		出票日期：贰零壹伍年壹拾贰月零柒日		付款行名称：中国建设银行人民路支行	
附加信息 _____	本支票付款期限十天	收款人：榆林市南郊农场		出票人账号：20063612	
出票日期 2015年12月7日		人民币	千百十万千百十元角分		
收款人：榆林市南郊农场		（大写）壹万元整	￥100000 0		
金额：￥10 000.00		用途：归还货款		科目（借）_____	
用途：归还货款		上列款项请从我账户内支付		对方科目（贷）_____	
单位主管 会计		出票人签章		复核 记账	

记账凭证　　　　　　　第 6 号

2015 年 12 月 07 日

摘要	科目	子目或户名	借方金额 百十万千百十元角分	贷方金额 百十万千百十元角分	登账
归还货款	应付账款	榆林市南郊农场	￥1 0 0 0 0 0 0		
	银行存款			￥1 0 0 0 0 0 0	
	合　计		￥1 0 0 0 0 0 0	￥1 0 0 0 0 0 0	

会计主管：刘婷　　记账：张娜　　出纳　　审核　　制单：刘楠

（7）12月9日，接到开户银行通知，收回HRZ超市前欠货款20万元。

中国建设银行

2015 年 12 月 09 日

付款人账号：20010228　　　　　　付款人名称：HRZ超市
收款人账号：20063612　　　　　　收款人名称：HWD食品厂
付款人开户行行号：07135　　　　收款人开户行行号：07135
发起行名称：中国建设银行人民路支行　接受行名称：中国建设银行人民路支行
币种：人民币　　交易金额：￥200 000.00
大写金额：贰拾万元整
业务种类：转账
交易日期：20151209　　　支付交易序号：65898682
交易种类：大额　　　　　入账日志号：6012098756
委托凭证日期：20151209　委托凭证号码：17302160

记账凭证　　　　　　　第 7 号

2015 年 12 月 09 日

摘要	科目	子目或户名	借方金额 百十万千百十元角分	贷方金额 百十万千百十元角分	登账
收回货款	银行存款		￥2 0 0 0 0 0 0 0		
	应收账款	HRZ超市		￥2 0 0 0 0 0 0 0	
	合　计		￥2 0 0 0 0 0 0 0	￥2 0 0 0 0 0 0 0	

会计主管：刘婷　　　记账：张娜　　　出纳　　　审核　　　制单：刘楠

（8）12 月 9 日，签发转账支票一张，归还前欠榆林市油脂厂货款 48 000 元。

中国建设银行转账支票存根	中国建设银行　　转账支票　　陕　支票号码 10503720-3758691		
支票号码 10503720-3758691	出票日期：贰零壹伍年壹拾贰月零玖日　　付款行名称：中国建设银行人民路支行		
附加信息_____	收款人：榆林市油脂厂　　　　　　　　　　出票人账号：20063612		
出票日期 2015 年 12 月 09 日	人民币	千百十万千百十元角分	
收款人：榆林市油脂厂	（大写）肆万捌仟元整	￥4 8 0 0 0 0	
金额：￥48 000.00	用途：归还货款	科目（借）_____	
用途：归还货款	上列款项请从我账户内支付	对方科目（贷）_____	
单位主管　　会计	财务专用章　出票人签章　　　　　复核　　　　记账		

记账凭证　　　　　　　第 8 号

2015 年 12 月 09 日

摘要	科目	子目或户名	借方金额 百十万千百十元角分	贷方金额 百十万千百十元角分	登账
归还货款	应付账款	榆林市油脂厂	￥4 8 0 0 0 0 0		
	银行存款			￥4 8 0 0 0 0 0	
	合　计		￥4 8 0 0 0 0 0	￥4 8 0 0 0 0 0	

会计主管：刘婷　　　记账：张娜　　　出纳　　　审核　　　制单：刘楠

（9）12月11日，向XJY超市销售饼干100件，每件900元，价款90 000元，增值税15 300元。价税合计105 300元，款项暂未收到。

陕西省增值税专用发票

发 票 联

开票日期：2015 年 12 月 11 日　　　　　　　No. 610152760

购货单位	名　称	XJY超市			纳税人登记号					612724010356789									
	地址、电话	陕西省榆林市榆林大道8号			开户银行及账号					中国建设银行人民路支行 20187635									
货物或劳务名称	规格型号	计量单位	数量	单价	金　额								税率%	税　额							
					百	十万	千	百	十	元	角	分		百	十万	千	百	十	元	角	分
饼干		件	100	900		￥	9	0	0	0	0	0	17		￥	1	5	3	0	0	0
合　计						￥	9	0	0	0	0	0			￥	1	5	3	0	0	0
价税合计		壹拾万零伍仟叁佰元整							￥ 105 300.00												
备　注																					
销货单位	名　称	HWD食品厂			税务登记号					612724010758643									
	地址、电话	陕西省榆林市柳营路7号			开户银行及账号					中国建设银行人民路支行 20063612									

收款人：　　　　复核：　　　　开票：高敏　　　　销售方：（章）

产 品 出 库 单

收货单位：　　　　　　　　2015 年 12 月 11 日　　　　　　　第 1201 号

产品名称	计量单位	数　量	单位成本	金　额
饼干	件	100	600.00	60 000.00
合　计				60 000.00

记账：张娜　　　保管：　　　检验：　　　经手：李涛

记账凭证　　　　　　　第 9-1/2 号

2015 年 12 月 11 日

摘要	科目	子目或户名	借方金额	贷方金额	登账
销售饼干	应收账款	XJY超市	¥105300.00		
	主营业务收入			¥90000.00	
	应交税费	增值税（销项）		¥15300.00	
	合计		¥105300.00	¥105300.00	

会计主管：刘婷　　记账：张娜　　出纳　　审核　　制单：刘楠

记账凭证　　　　　　　第 9-2/2 号

2015 年 12 月 11 日

摘要	科目	子目或户名	借方金额	贷方金额	登账
结转成本	主营业务成本		¥60000.00		
	库存商品			¥60000.00	
	合计		¥60000.00	¥60000.00	

会计主管：刘婷　　记账：张娜　　出纳　　审核　　制单：刘楠

（10）12月12日，接到银行通知，收回 HMT 超市货款 170 000 元。

中国建设银行

2015 年 12 月 12 日

付款人账号：20847364　　　　付款人名称：HMT 超市
收款人账号：20063612　　　　收款人名称：HWD 食品厂
付款人开户行行号：07135　　　收款人开户行行号：07135
发起行名称：中国建设银行人民路支行　　接受行名称：中国建设银行人民路支行
币种：人民币　　交易金额：¥170 000.00
大写金额：壹拾柒万元整

业务种类：转账
交易日期：20151212　　　　支付交易序号：65898682
交易种类：大额　　　　　　　入账日志号：6012098756
委托凭证日期：20151212　　　委托凭证号码：17302160

记账凭证 第 10 号

2015 年 12 月 12 日

摘要	科目	子目或户名	借方金额	贷方金额	登账
			百十万千百十元角分	百十万千百十元角分	
收回货款	银行存款		¥ 1 7 0 0 0 0 0 0		
	应收账款	HMT 超市		¥ 1 7 0 0 0 0 0 0	
	合 计		¥ 1 7 0 0 0 0 0 0	¥ 1 7 0 0 0 0 0 0	

会计主管：刘婷　　记账：张娜　　出纳　　审核　　制单：刘楠

（11）12 月 12 日，向 HRZ 超市销售面包 100 件，每件 950 元，蛋糕 100 件，每件 1 000 元，价款总计 195 000 元，增值税总计 33 150 元，合计 228 150 元，款项暂未收到。

产品出库单

收货单位：　　　　　2015 年 12 月 12 日　　　　　第 1203 号

产品名称	计量单位	数量	单位成本	金 额
面包	件	100	700.00	70 000.00
蛋糕	件	100	800.00	80 000.00
	合 计			150 000.00

记账：张娜　　保管：　　检验：　　经手：李涛

陕西省增值税专用发票
发 票 联

开票日期：2015 年 12 月 12 日　　　　　No. 610152776

购货单位	名 称	HRZ 超市	纳税人登记号	612724010356700
	地址、电话	陕西省榆林市人民路 35 号	开户银行及账号	中国建设银行人民路支行 20010228

货物或劳务名称	规格型号	计量单位	数量	单价	金额 百十万千百十元角分	税率(%)	税额 百十万千百十元角分
面包		件	100	950	¥ 9 5 0 0 0 0 0	17	¥ 1 6 1 5 0 0 0
蛋糕		件	100	1000	¥ 1 0 0 0 0 0 0 0		¥ 1 7 0 0 0 0 0
合 计					¥ 1 9 5 0 0 0 0 0		¥ 3 3 1 5 0 0 0
价税合计	贰拾贰万捌仟壹佰伍拾元整						¥ 228 150.00
备 注							

销货单位	名 称	HWD 食品厂	税务登记号	612724010758643
	地址、电话	陕西省榆林市柳营路 7 号	开户银行及账号	中国建设银行人民路支行 20063612

收款人：　　复核：　　开票：高敏　　销售方：（章）

记账凭证　　　　　　　　第 11-1/2 号

2015 年 12 月 12 日

摘要	科目	子目或户名	借方金额										贷方金额										登账
			百	十	万	千	百	十	元	角	分	百	十	万	千	百	十	元	角	分	
销售商品	应收账款	HRZ 超市		¥	2	2	8	1	5	0	0	0										
	主营业务收入													¥	1	9	5	0	0	0	0	0	
	应交税费	增值税(销项)													¥	3	3	1	5	0	0	0	
	合　计			¥	2	2	8	1	5	0	0	0		¥	2	2	8	1	5	0	0	0	

会计主管：刘婷　　　　记账：张娜　　　　出纳　　　　审核　　　　制单：刘楠

记账凭证　　　　　　　　第 11-2/2 号

2015 年 12 月 12 日

摘要	科目	子目或户名	借方金额										贷方金额										登账
			百	十	万	千	百	十	元	角	分	百	十	万	千	百	十	元	角	分	
结转成本	主营业务成本			¥	1	5	0	0	0	0	0	0										
	库存商品	面包													¥	7	0	0	0	0	0	0	
		蛋糕													¥	8	0	0	0	0	0	0	
	合　计			¥	1	5	0	0	0	0	0	0		¥	1	5	0	0	0	0	0	0	

会计主管：刘婷　　　　记账：张娜　　　　出纳　　　　审核　　　　制单：刘楠

（12）12 月 13 日，向 HMT 超市销售饼干 100 件，单价 900 元，蛋糕 50 件，单价 1 000 元，价款总计 140 000 元，增值税 23 800 元。价税合计 163 800 元，货款暂未收到。

产品出库单

收货单位：　　　　　2015 年 12 月 13 日　　　　　第 1204 号

产品名称	计量单位	数量	单位成本	金额
饼干	件	100	600.00	60 000.00
蛋糕	件	50	800.00	40 000.00
	合　计			100 000.00

记账：张娜　　　　保管：　　　　检验：　　　　经手：李涛

陕西省增值税专用发票

发 票 联

开票日期：2015 年 12 月 13 日　　　　　　　　No. 610152790

购货单位	名称	HMT 超市			纳税人登记号				612724010356758											
	地址、电话	陕西省榆林市人民路6号			开户银行及账号				中国建设银行人民路支行 20847364											

货物或劳务名称	规格型号	计量单位	数量	单价	金　　　　额									税率(%)	税　　　额								
					百	十	万	千	百	十	元	角	分		百	十	万	千	百	十	元	角	分
饼干		件	100	900			¥	9	0	0	0	0	0	17			¥	1	5	3	0	0	0
蛋糕		件	50	1000			¥	5	0	0	0	0	0					¥	8	5	0	0	0
合 计							¥	1	4	0	0	0	0				¥	2	3	8	0	0	0
价税合计	壹拾陆万叁仟捌佰元整																	¥ 163 800.00					
备注																							

销货单位	名称	HWD 食品厂			税务登记号				612724010758643											
	地址、电话	陕西省榆林市柳营路7号			开户银行及账号				中国建设银行人民路支行 20063612											

收款人：　　　　复核：　　　　开票：高敏　　　　销售方：（章）

记账凭证　　　　　　　　第 12-1/2 号

2015 年 12 月 13 日

摘要	科目	子目或户名	借方金额									贷方金额									登账
			百	十	万	千	百	十	元	角	分	百	十	万	千	百	十	元	角	分	
销售商品	应收账款	好美特超市		¥	1	6	3	8	0	0	0										
	主营业务收入												¥	1	4	0	0	0	0	0	
	应交税费	增值税（销项）												¥	2	3	8	0	0	0	
合 计				¥	1	6	3	8	0	0	0		¥	1	6	3	8	0	0	0	

会计主管：刘婷　　记账：张娜　　出纳　　审核　　制单：刘楠

记账凭证　　　　　　　　第 12-2/2 号

2015 年 12 月 11 日

摘要	科目	子目或户名	借方金额									贷方金额									登账
			百	十	万	千	百	十	元	角	分	百	十	万	千	百	十	元	角	分	
结转成本	主营业务成本			¥	1	0	0	0	0	0	0										
	库存商品	饼干											¥	6	0	0	0	0	0		
		蛋糕											¥	4	0	0	0	0	0		
合 计				¥	1	0	0	0	0	0	0		¥	1	0	0	0	0	0	0	

会计主管：刘婷　　记账：张娜　　出纳　　审核　　制单：刘楠

（13）12月14日，签发转账支票一张，归还榆林蔗糖厂货款30 000元。

中国建设银行转账支票存根		中国建设银行　　转账支票　　陕　支票号码 10503720-3758731											
支票号码 10503720-3758731		出票日期：贰零壹伍年壹拾贰月壹拾肆日　　付款行名称：中国建设银行人民路支行											
附加信息 _____		收款人：榆林蔗糖厂　　　　　　　　　　　　出票人账号：20063612											
出票日期 2015年12月14日		人民币	千	百	十	万	千	百	十	元	角	分	
收款人：榆林蔗糖厂		（大写）叁万元整				¥	3	0	0	0	0	0	
金额：¥30 000.00		用途：归还货款											
用途：归还货款		上列款项请从我账户内支付											
单位主管　　　会计		出票人签章　　　　　　　　　　复核　　　　　　记账											

记账凭证　　　　　　　　　　　第 13 号

2015 年 12 月 14 日

摘　要	科　目	子目或户名	借方金额								贷方金额								登账
			百	十	万	千	百	十	元	角	分	百	十	万	千	百	十	元	角	分	
归还货款	应付账款	榆林蔗糖厂			¥	3	0	0	0	0	0	0									
	银行存款														¥	3	0	0	0	0	0	0	
	合　计				¥	3	0	0	0	0	0	0			¥	3	0	0	0	0	0	0	

会计主管：刘婷　　　记账：张娜　　　出纳　　　审核　　　制单：刘楠

（14）12月14日，签发转账支票一张，归还原生态养鸡场货款32 000元。

中国建设银行转账支票存根		中国建设银行　　转账支票　　陕　支票号码 10503720-3758735											
支票号码 10503720-3758735		出票日期：贰零壹伍年壹拾贰月壹拾肆日　　付款行名称：中国建设银行人民路支行											
附加信息 _____		收款人：原生态养鸡场　　　　　　　　　　出票人账号：20063612											
出票日期 2015年12月14日		人民币	千	百	十	万	千	百	十	元	角	分	
收款人：原生态养鸡场		（大写）叁万贰仟元整				¥	3	2	0	0	0	0	
金额：¥32 000.00		用途：归还货款											
用途：归还货款		上列款项请从我账户内支付											
单位主管　　　会计		出票人签章　　　　　　　　　　复核　　　　　　记账											

记账凭证 第 14 号

2015 年 12 月 14 日

摘要	科目	子目或户名	借方金额 百十万千百十元角分	贷方金额 百十万千百十元角分	登账
归还货款	应付账款	原生态养鸡场	￥3 2 0 0 0 0 0		
	银行存款			￥3 2 0 0 0 0 0	
	合计		￥3 2 0 0 0 0 0	￥3 2 0 0 0 0 0	

会计主管：刘婷　　记账：张娜　　出纳　　审核　　制单：刘楠

（15）12 月 16 日，从原生态养鸡场购入鸡蛋 500 千克，单价 10 元，价款 5 000 元，增值税 850 元。鸡蛋已经验收入库，款项暂未支付。

收 料 单

供货单位：原生态养鸡场
发票号码：610152970　　2015 年 12 月 16 日　　收货仓库：原料库

材料类别	名称及规格	计量单位	数量 应收	数量 实收	实际成本 单价	实际成本 金额	实际成本 运杂费等	实际成本 合计	此联财务留存
原材料	鸡蛋	千克	500	500	10	5 000		5 000	

验收：崔超　　保管：　　记账：　　制单：李明

陕西省增值税专用发票
发 票 联

开票日期：2015 年 12 月 16 日　　No. 610152976

购货单位	名称	HWD 食品厂	纳税人登记号	612724010758643			
	地址、电话	陕西省榆林市柳营路 7 号	开户银行及账号	中国建设银行人民路支行 20063612			

货物或劳务名称	规格型号	计量单位	数量	单价	金 额 百十万千百十元角分	税率(%)	税 额 百十万千百十元角分
鸡蛋		千克	500	10	￥5 0 0 0 0	17	￥8 5 0 0 0
合计					￥5 0 0 0 0		￥8 5 0 0 0
价税合计	伍仟捌佰伍拾元整		￥5850.00				
备注							

销货单位	名称	原生态养鸡场	税务登记号	612724010356964
	地址、电话	陕西省榆林市校场路 23 号	开户银行及账号	中国建设银行新建路支行 20100227

收款人：　　复核：　　开票：马红　　销售方：（章）

记账凭证　　　　第 15 号

2015 年 12 月 14 日

摘要	科目	子目或户名	借方金额 百十万千百十元角分	贷方金额 百十万千百十元角分	登账
采购材料	原材料	鸡蛋	￥5 0 0 0 0 0		
	应交税费	增值税（进项）	￥8 5 0 0 0		
	应付账款	原生态养鸡场		￥5 8 5 0 0 0	
	合　计		￥5 8 5 0 0 0	￥5 8 5 0 0 0	

会计主管：刘婷　　　记账：张娜　　　出纳　　　审核　　　制单：刘楠

实验七　对账与结账

一、实验目的

通过本次实验，使学生了解对账与结账的目的、要求、内容及方法，掌握结账与对账的实际操作程序。

二、实验要求

（1）将本期内发生的所有经济业务全部登记入账。
（2）按照权责发生制原则调整和结转有关账项。
（3）检查凭证是否已经全部"过账"，账簿登记是否全部完成。
（4）结出各类账户本期发生额及期末余额。
（5）将总分类账、明细分类账、日记账中的相关内容进行核对。
（6）按规定结账方法进行结账。

三、实验指导

（一）对　账

所谓对账，即账簿的核对，是指在结账前将账簿记录与货币资金、往来结算、财产物资等进行相互核对。为了保证账簿记录的真实可靠，应对账簿与账户所记录的有关数据加以检查和核对，这是会计核算的一项重要内容。账簿记录是否准确和真实可靠，不仅取决于账簿本身，还涉及账簿与凭证的关系、账簿记录与实际情况是否相符等问题。因此，我国《会计法》规定，账簿核对要做到账实相符、账证相符、账账相符。也就是说，对账的主要工作包括：账簿与实物的核对、账簿与凭证的核对、账簿与账簿的核对。

1. 账证核对

账证核对是将账簿记录与会计凭证相核对，这是保证账账、账实相符的基础。账证核对的重点是凭证所记载业务内容、数量、金额和会计科目是否与账簿中的记录一致。账证核对工作，平时是通过编制记账凭证和记账前的复核工作进行的。在结账时，对有关内容发现疑问之处，重点进行抽查核对。

2. 账账核对

账账核对是指各种账簿之间有关内容的核对，主要有以下方面：
（1）总分类账中，全部账户的借方余额合计数与全部账户的贷方余额合计数相符。
（2）总分类账中，"库存现金""银行存款"账户余额与相对应的日记账的余额核对相符。

（3）总分类账中，各账户的期末余额与所属明细账账户期末余额之和核对相符。

（4）会计部门有关财产物资明细账与财产物资保管部门或使用部门的相应明细账核对相符。

3. 账实核对

账实核对是指财会部门各种财产物资账簿记录的结存数，与实物保管部门的实物数量核对相符。它除了包括各种实物资产外，还包括现金日记账的结存数与实际库存现金核对；银行存款日记账的账簿记录及余额与银行对账单核对；各种应收、应付款项明细账的账面记录及余额与有关债务、债权单位及个人的记录相核对。

（二）结　账

1. 结账的内容

结账是指会计人员在会计期末（月末、季末、年末）将一定会计期间内发生的经济业务全部登记入账，在此基础上结算出各种账簿的本期发生额和期末余额，从而根据账簿记录，编制会计报表。根据会计分期不同，结账工作可以在月末、季末、年末进行，但不能为了减少本期的工作量而提前结账，也不能将本期的会计业务推迟到下期或编制会计报表之后再进行结账。

结账工作主要包括以下内容。

（1）结账前，必须将本期内发生的经济业务全部登记入账。既不能提前登账，也不能将本期发生业务延至下期登账，若发现漏账、错账，应及时补记、更正。

（2）按照权责发生制原则调整和结转有关账项，合理确定本期的收入和费用。期末账项调整主要包括以下内容：

① 本期已经发生且符合收入确认条件，但尚未收到款项而未入账的产品销售收入或劳务收入，即应记收入。这类事项的调整方法是，将确认为本期的收入记入"主营业务收入"账户的贷方，同时将尚未收到的款项记入"应收账款"账户的借方。

② 已经收取款项，但尚未提供产品或劳务因而未确认入账的产品销售收入或劳务收入，如预收账款。这类事项的调整方法是，应按照本期实现的产品销售收入和增值税税额，贷记"主营业务收入"和"应交税费"账户，同时调整以前预收款项时形成的负债，借记"预收账款"账户。

③ 本期发生，因款项尚未支付因而未登记入账的费用，即应记费用，如应记设备修理费、应记借款利息等。这类事项的调整方法是，将其确认为本期费用，记入"制造费用""管理费用""财务费用"等账户的借方，同时，将尚未支付（以后支付）的款项记入"应付账款""应付利息"等其他对应账户的贷方。

④ 已经支出，但应由本期和以后各期负担的费用，即预付费用，如预付报刊订阅费、预付保险金等。这类事项的调整方法是，根据本期和以后各期收益程度，分摊确认为本期的费用，借记有关费用账户，贷记"银行存款""库存现金"或其他对应账户。

此外，本期内的转账业务，应编成记账凭证记入有关账簿。如：本期已完工入库产品的实际成本，应结转记入"库存商品"账户；本期实现的收入和发生的费用，应结转记入"本年利润"账户等。

（3）计算、登记本期发生额和期末余额。在本期全部经济业务登记入账的基础上，应当结算库存现金日记账、银行存款日记账、总分类账和明细分类账各账户的本期发生额和期末余额，并结转下期。一般按月进行，称为月结；有的账目按季结转，称为季结；年度终了时，还应进行年结。

2. 结账的程序

结账主要分为三个步骤：

（1）在结账前，应检查本期发生的经济业务是否已经全部登记入账，检查账簿记录有无错记、漏记，如果发现账簿记录错误，应及时进行更正。要正确反映、正确结算一个会计期间的生产经营情况，就要把这个会计期间内所发生的一切经济业务全部登记入账。值得注意的是，各种收入和费用应该按照权责发生制原则，该摊销的费用要进行摊销，该预提的支出应计提出来。

（2）编制结转分录。按会计制度规定和成本计算要求，计算确定本期的产品销售成本、产品成本，在有关的经济业务都已经登记入账的基础上，结转各收入、费用和成本账户，编制结转分录，结转到"本年利润"账户，再编制利润分配的分录。

（3）计算发生额和余额。计算出各个账户的发生额和余额，结算出资产、负债和所有者权益账户的本期发生额和余额，并结转进入下期。

经过上述处理后，分别结出各种日记账、总分类账、明细分类账的本期发生额和期末余额，并按规定在账簿上做出结账手续。

3. 结账的方法

结账分为日结、月结、季结和年结四种，一般采用划线结账法，就是在结账的会计期间的最后一笔记录之下，结出本会计期间内的本期发生额和期末余额，并通过划单红线（月结或季结）或双红线（年结），表示会计期间账簿记录已经结束。若无余额的，在"借或贷"栏内注明"平"字，并且在"金额"栏内注明"0"符号（即在0上划一横线）。

账户的性质不同，所需资料的要求也就不同，结账的方法也不尽相同，具体为：

（1）对不需要按月统计本期发生额的账户，如各项财产物资明细账，各种应收、应付款明细账等，每次记账时，都要随时结出余额，每月最后一笔余额即为月末余额。月末结账时，只需要在最后一笔经济业务记录之下划一条通栏单红线即可，不需要再统计一次余额。

（2）现金、银行存款日记账和需要按月结计发生额的收入、成本、费用等明细账，月末结账时，先在最后一笔记录下划一条通栏单红线，在下一行"摘要"栏内注明"本月合计"字样，并结出借、贷方发生额及余额，然后再在其下划一条通栏单红线。

（3）需要结计本年累计发生额的明细账户，如收入、费用、成本等明细账，应在"本月合计"行下结计自年初起至本月末止的累计发生额，在"摘要"栏内注明"本年累计"字样，并在下面划一条单红线。12月末的"本年累计"就是全年累计发生额，应在全年累计发生额下面划双红线。

（4）总账账户平时只需结出月末余额，不必划线。年终结账时，为了反映资产、负债和所有者权益增减变动的全貌，便于核对账目，应将所有总账账户结计全年发生额和年末余额。在摘要栏内注明"本年合计"字样，并在合计数下划通栏双红线，表示完成年结工作。

（5）需要结计本月发生额的某些账户，如果本月只发生一笔经济业务，只要在此行记录下端划一条单红线，表示与下月的发生额分开就可以了，不必另结出"本月合计"数。

4. 结账时划线方法

结账划线的目的，是突出本月合计数及月末余额，表示本会计期间的会计记录已经截止或结束，并将本期与下期的记录明显分开。根据《会计基础工作规范》规定，月结划单线，年结划双线。划线时，应划通栏红线，不应只在本账页中的金额部分划线。

5. 结账时账户余额的填写

一般来说，每月结账时，应将账户的月末余额写在本月最后一笔经济业务记录的同一行内。但在现金日记账，银行存款日记账和其他需要按月结计发生额的账户，如各种成本、费用、收入的明细账等，每月结账时，还应将月末余额与本月发生额写在同一行内，在"摘要"栏注明"本月合计"字样。这样做，账户记录中的月初余额加减本期发生额等于月末余额，便于账户记录的稽核。需要结计本年累计发生额的某些明细账户，每月结账时，"本月合计"行已有余额的，"本年累计"行就不必再写余额。

6. 结账时字的颜色

账簿记录中使用的红字具有特定的含义，它表示蓝字金额的减少或负数余额。因此，结账时，如果出现负数余额，可以用红字在余额栏登记，但如果余额栏前印有余额的方向（如借或贷），则应用蓝黑墨水书写，而不得使用红色墨水。

7. 有余额的账户余额结转至下年方法

实际工作中，把有余额的账户余额结转下年，通常有以下两种不规范的方法：

（1）年末终了结账时，有余额的账户余额直接记入新账"余额"栏内即可，不需要编制记账凭证，也不必将余额再记入本年账户的借方或贷方（收方或付方），使本年有余额的账户的余额变为零。因为，既然年末是有余额的账户，余额就应当如实地在账户中加以反映，这样更清晰明了。否则，就混淆了有余额的账户和无余额的账户的区别。

（2）对于新的会计年度建账问题，一般说来，总分类账、日记账和多数明细分类账应每年更换一次。但有些财产物资明细账和债权、债务类明细账，由于材料品种、规格和往来单位较多，更换新账时，重抄一遍工作量较大，因此，可以跨年度使用，不必每年更换一次。各种备查簿也可以连续使用。

但在实际工作中，结转账户余额还有以下两种规范的做法：

一是将本账户年末余额，以相反的方向记入最后一笔账下的发生额内。例如，某账户年末为借方余额，在结账时，将此项余额填列在"贷方发生额"栏内（余额如为贷方，则作相反记录），在"摘要"栏填明"结转下年"字样，在"借或贷"栏内填入"平"字，并在"余额"栏的"元"位上填列"0"符号，表示账目已经结平。

二是在"本年累计"发生额的次行，将年初余额按其同方向记入发生额栏内，并在"摘要"栏内填明"上年结转"字样；在次行登记年末余额，如为借方余额，填入"贷方发生额"栏内，反之记入借方，并在"摘要"栏填明"结转下年"字样。同时，在该行的下端加计借、贷各方的总计数，并在该行"摘要"栏内填列"总计"两字，在"借或贷"栏内填入"平"字，在"余额"栏的"元"位上填列"0"符号，表示账目已经结平。

四、实验资料

核对实验五、实验六中所登记的 HWD 食品厂 2015 年 12 月份的日记账与分类账，并进行结账。

实验八 错账更正

一、实验目的

通过本次实验,使学生明确错账的类型、熟悉各种错账的查找方法,掌握更正错账方法的适用范围和更正错账的基本技能,并能够独立完成实验内容。

二、实验要求

(1)进行证证、证账核对,发现错误。
(2)采用适当的方法更正错误。

三、实验指导

(一)如何查找错账

会计登账是一项很细致的工作。在记账工作中,账簿记录可能会发生错误,导致错账的原因是多种多样的,概括起来主要有两类:

一是会计凭证填制错误,主要表现为记录内容有误、计算错误、会计科目错误、记账方向错误、借贷金额有误;

二是记账错误,主要表现在账簿记录出现重记、漏记、混记、错记等情况。

针对以上错账情况,各会计主体要查明错账后,经审批无误后更正错账。查找错账的方法有很多,常见的有顺查法、逆查法、抽查法和偶合法四种。

1. 顺查法

顺查法也叫正查法,是按照账务处理的顺序从头到尾进行普遍查找的方法,即沿着"制证——过账——结账——试算"的账务处理程序,从头到尾进行的普遍检查。这种查找方法,可以发现重记、漏记、错记科目、错记金额等错误。顺查法主要用于期末对账簿进行的全面核对和不规则的错误查找。其优点是查找的范围大,不易遗漏;其缺点是工作量大,需要时间比较长。所以在实际工作中,一般采用其他方法查找不到错误的情况下才会使用这种方法。

顺查法的处理流程是:

(1)将记账凭证与原始凭证核对,检查有无制证错误;
(2)将记账凭证及所附原始凭证与账簿记录逐笔核对,检查有无登记错误;
(3)检查各账户的发生额及余额是否正确;
(4)检查试算平衡表上有无抄写与计算错误。

2. 逆查法

逆查法也叫反查法，是按照与账务处理程序相反的顺序，从尾到头的普遍检查的方法，即沿着"试算——结账——过账——制证"的逆账处理程序，从尾到头进行的普遍检查。如果错误出现在最后几笔业务，那么按照逆查法的顺序查找，有时可以事半功倍。

逆查法的处理流程是：

（1）检查试算平衡表本身，复核试算平衡表内各栏金额合计数是否平衡，检查平衡表内各账户的期初余额加减本期发生额是否等于期末余额，核对平衡表内该账户的各栏金额是否抄写错误；

（2）检查各账户的发生额及余额的计算是否正确；

（3）将记账凭证、原始凭证及账簿记录逐笔核对，检查有无错误；

（4）检查记账凭证的填制是否正确。

3. 抽查法

抽查法是指抽取账簿记录当中的某些部分进行局部检查的方法。当发现账簿记录有差错时，可根据差错的具体情况从账簿中抽查部分内容，而不必核对全部内容。

4. 偶合法

偶合法是依照账簿记录差错中最常见的规律，根据差错的情况来推测差错原因进而查找差错的一种查找方法，主要用来查找带有规律性原因造成的差错，如漏记、重记、错记等。常用的偶合法有差额检查法、差额除二法、差额除九法等。

（1）差额检查法。

差额检查法是直接从账账之间的差额数字来查找错误的方法，它适用于查找漏记、重记的差错。漏记是指在记账时将某一凭证的金额数字遗漏而未记入账簿；重记是指在账簿中重复记录某一项经济业务的发生金额。

例如，现金日记账余额为 2 500 元，总账中"库存现金"账户余额为 2 800 元，则可以推测可能是漏记或重记导致的错误。如果发现同一账户记录中，有两个数相同，且金额与差额 300 相等，那么其中一个数可能是重记的数字；漏记时，可以从记账凭证中直接查找金额是 300 元的经济业务，看是否漏记。

（2）差额除二法。

差额除二法也叫除二法，是将账账之间的差额数字除以二，按商数来查找差错的方法，它适用于查找记反账的错误。所谓记反账，是指在记账时把发生额的借、贷方向弄错，将借方记入贷方，或将贷方记入借方。如果是记反账，则账簿中反映的错误差额必定是偶数，可用差额除以 2，然后根据商数从账簿记录中去查找差错。

例如，现金日记账余额为 2 500 元，总账中"库存现金"账户余额为 2 800 元，如果会计人员推测是记反账导致的错误,就可以运用除二法,将300除以2得出150,然后从账簿记录中查找金额是150的账目进行核对。

(3)差额除九法。

差额除九法是指用差额除以9来查找错账的方法。它适用于查找数字错位和邻数倒置所引起的错账。其中,数字错位是指在记账时把数字的位数搞错,包括大数写小(如把500错记为50)和小数写大(如把50错记为500)两种;邻数颠倒是指在登记账簿时把相邻两个数字互换了位置,如把36错记为63。

如果出现数字写小的情况,差数可被9整除,其商数就是要查找的差错数,商数乘以10就是正确的数字。如将500写成50,差数是450,用该差数450除以9得出的商50就是写错的数字,商数50乘以10得出的500就是正确的数字。如果出现数字写大的情况,差数可被9整除,其商数就是要查找的正确数,商数乘以10就是错误数。

如果出现邻数颠倒的情况,将差数除以9,得出的商数连续加11,直到找出颠倒的数字为止。如将36记为63,差数是27,用该差数27除以9得出商数3,用3连续加11后可能的结果为14、25、36、47等。

(二)如何更正错账

在发现错账时,应根据规定的方法进行更正,不得随意涂改、挖补。具体来说,更正错账的方法包括三种:划线更正法、红字更正法和补充登记法。

1. 划线更正法

划线更正法又称红线更正法,是指将原错误记录用红线划销,并在其上方进行更正的方法。在结账之前,如果发现账簿记录有错误,而其所依据的记账凭证没有错误,即纯属登账时文字或数字的错误,如记错金额、入错账户或登错记账方向等,可以采用划线更正法。

划线更正法的具体更正方法为:先在错误的文字或数字上划一条红线(注意被划销的部分应可辨认以便审查),表示错误内容已被注销,然后将正确的文字或数字写在被注销的文字上端空白处,并由记账人员在更正处签章,以明确责任。在划线时,如果是文字错误,可以只划掉错误部分,不必将其他文字也划去;如果是数字错误,则应将全部数字划掉,不得只划错误数字,并应保持划掉的字迹仍能辨认出来。

例如:12月4日,HWD食品厂收到丽江工厂货款5 687.00元,存入银行存款户(表8.1~表8.3)。

表 8.1 中国建设银行

2015 年 12 月 4 日

付款人账号：20110230	付款人名称：丽江工厂
收款人账号：20063612	收款人名称：HWD 食品厂
付款人开户行行号：07135	收款人开户行行号：07135
发起行名称：中国建设银行人民路支行	接受行名称：中国建设银行人民路支行
币种：人民币　交易金额：￥5 687.00	
大写金额：伍仟陆佰捌拾柒元整	
业务种类：转账	
交易日期：20151204	支付交易序号：65898565
交易种类：大额	入账日志号：405648572
委托凭证日期：20151204	委托凭证号码：17302163

表 8.2 记账凭证　　　　　　第 _06_ 号

2015 年 12 月 04 日

摘要	科目	子目或户名	借方金额 百十万千百十元角分	贷方金额 百十万千百十元角分	登账
收到货款	银行存款		￥ 5 6 8 7 0 0		
	应收账款	丽江工厂		￥ 5 6 8 7 0 0	
合　计			￥ 5 6 8 7 0 0	￥ 5 6 8 7 0 0	

会计主管：刘婷　　　记账：张娜　　　出纳　　　审核　　　制单：刘楠

表 8.3 银行存款日记账

2015 年		凭证号	摘要	对应科目	借方	贷方	余额
月	日						
12	1		期初结存				50 000.00
〃	〃	〃	〃（账簿文字笔误）	〃		〃（账簿数字笔误）	
〃	〃	〃					
	4	06	收到丽江工厂货款	应收账款	5 867.00		
〃	〃	〃	〃	〃	〃		〃
〃	〃	〃	〃	〃	〃		〃
12	31		本月合计				

从银行存款日记账可以看出，在摘要部分，把"丽江"写成了"大江"；在金额部分，把"5 687.00"写成了"5 867.00"，具体更正如表8.4所示。

表8.4　银行存款日记账

2015年		凭证号	摘　要	对应科目	借　方	贷　方	余　额
月	日						
12	1		期初结存				50 000.00
〃	〃	〃	〃	〃	〃		〃
〃	〃	〃	〃	〃			
	4	06	丽 收到大江工厂 货款	应收账款	5 687.00 5 867.00		
〃	〃	〃	〃	〃		〃	〃
〃	〃	〃	〃	〃		〃	〃
12	31		本月合计				

注：文字错误可以只更正个别错字，数字错误必须全部划线更正。

2. 红字更正法

红字更正又称红字冲销。在会计核算中，红字表示对原有记录的冲销。红字更正法是指用红字冲销或冲减原有的错误记录以调整记账错误的一种方法。

红字更正法主要适用于以下两种情况：

（1）记账凭证中应借、应贷的方向或科目名称发生错误，并已据以入账的情况。具体更正方法是：先编一张与原错误凭证完全相同的红字记账凭证，并在摘要栏内注明"冲×月×日×号记账凭证"，然后再编一张正确的蓝字凭证，在摘要栏内注明"更正×月×日×号记账凭证"，在此基础上将红、蓝记账凭证分别予以入账，以更正账簿记录的错误。

例如：12月8日，车间领用一般消耗用原材料，价值100元。原记账凭证如表8.5~表8.6，并据以登记入账。

表8.5　领料单

领用部门：生产车间　　　　　　　2015年12月08日　　　　　　　编号 12-3

用　途	材料名称	鸡蛋	规格型号		计量单位	千克	
	请领	实发	单位成本		成本	备注	
生产用	10	10	10		100	蛋糕车间	
合　计	10	10	10		100		

发料人：崔超　　　　　　领料单位负责人：张康　　　　　　领料人：李杰

表 8.6　记账凭证　　　　　　　　第 16 号

2015 年 12 月 08 日

摘要	科目	子目或户名	借方金额 百十万千百十元角分	贷方金额 百十万千百十元角分	登账
领用一般耗用材料	生产成本		￥1 0 0 0 0		
	原材料			￥1 0 0 0 0	
	（会计科目用错）				
	合　计		￥1 0 0 0 0	￥1 0 0 0 0	

会计主管：刘婷　　　记账：张娜　　　出纳　　　审核　　　制单：刘楠

从记账凭证可以看到，本应该借记"制造费用"，却写成"生产成本"，这属于记账凭证错误导致的账簿登记错误。具体更正如下：

首先，用红字编制一张与原来错误记账凭证相同的凭证（表 8.7），并登记入账，摘要部分注明"冲销×月×日×号凭证"。注意：登记入账时也用红字登记，表示冲销。

表 8.7　记账凭证　　　　　　　　第 17 号

2015 年 12 月 08 日

摘　要	科　目	子目或户名	借方金额 百十万千百十元角分	贷方金额 百十万千百十元角分	登账
冲销12月8日16号凭证	生产成本		￥1 0 0 0 0		
	原材料			￥1 0 0 0 0	
	合　计		￥1 0 0 0 0	￥1 0 0 0 0	

会计主管　　　记账　　　出纳　　　审核　　　制单

其次，用蓝字编制一张正确的凭证（表 7.8），并登记入账，摘要部分注明"更正×月×日×号凭证"。

表 8.8　记账凭证　　　　　　　　第 18 号

2015 年 12 月 08 日

摘　要	科　目	子目或户名	借方金额 百十万千百十元角分	贷方金额 百十万千百十元角分	登账
更正12月8日16号凭证	制造费用		￥1 0 0 0 0		
	原材料			￥1 0 0 0 0	
	合　计		￥1 0 0 0 0	￥1 0 0 0 0	

会计主管：刘婷　　　记账：张娜　　　出纳　　　审核　　　制单：刘楠

（2）在记账后发现记账凭证中应借、应贷的方向和会计科目没有发生错误，但是所填金额大于应记金额。具体更正方法是：更正时只需编一张方向、科目与原记账凭证一致，而用红字冲销多记部分金额的记账凭证，并在摘要栏内注明"冲销×月×日×号记账凭证多记金额"。

例如：12月11日，HWD食品厂收回XJY超市所欠货款222 300.00元。原始凭证、记账凭证填制如表8.9~表8.10，并据此登记入账。

表8.9　中国建设银行

2015年12月11日

付款人账号：20187635	付款人名称：XJY超市
收款人账号：20063612	收款人名称：HWD食品厂
付款人开户行行号：07155	收款人开户行行号：07135
发起行名称：中国建设银行迎宾路支行	接受行名称：中国建设银行人民路支行
币种：人民币　　交易金额：¥222 300.00	
大写金额：贰拾贰万贰仟叁佰元整	
业务种类：转账	
交易日期：20151211	支付交易序号：65898769
交易种类：大额	入账日志号：405648772
委托凭证日期：20151211	委托凭证号码：17302363

表8.10　记账凭证　　　　第 21 号

2015年12月11日

摘要	科目	子目或户名	借方金额 百 十 万 千 百 十 元 角 分	贷方金额 百 十 万 千 百 十 元 角 分	登账
收回货款	银行存款		¥ 2 2 3 2 0 0 0 0		
	应收账款	XJY超市		¥ 2 2 3 2 0 0 0 0	
			金额写错，多记900元		
合计			¥ 2 2 3 2 0 0 0 0	¥ 2 2 3 2 0 0 0 0	

会计主管：刘婷　　　记账：张娜　　　出纳：　　　审核：　　　制单：刘楠

从记账凭证可以看到，把"222 300"元错误写成"223 200"元，多记900元，具体更正如下：

按多记金额用红字填制一张记账凭证（表8.11），并登记入账，摘要中注明"冲销×月×日×号凭证多记金额"。

表 8.11　记账凭证　　第 22 号
2015 年 12 月 11 日

摘要	科目	子目或户名	借方金额	贷方金额	登账
冲销 12 月 11 日 21 号凭证多记金额	银行存款		￥900 00		
	应收账款	XJY 超市		￥900 00	
	合计		￥900 00	￥900 00	

会计主管：刘婷　　记账：张娜　　出纳　　审核　　制单：刘楠

3. 补充登记法

补充登记法又称补充更正法，用于记账后发现记账凭证中应借、应贷的方向和会计科目没有发生错误，但是记账凭证所填金额小于应记金额，而导致账簿记录错误的情况。具体更正方法是：编一张方向、科目与原记账凭证一致，而金额是把少记部分用蓝字补上的记账凭证，并在摘要栏内注明"补充×月×日×号记账凭证少记金额"。

例如：12 月 12 日，开出转账支票一张，支付前欠南郊农场的货款 86 000 元。原记账凭证如表 8.12～表 8.13，并据此登记入账。

表 8.12　记账凭证

中国建设银行转账支票存根	中国建设银行　　转账支票　　陕　支票号码 10503720-3758634
支票号码　10503720-3758634	出票日期：贰零壹伍年壹拾贰月壹拾贰日　　付款行名称：中国建设银行人民路支行
附加信息_____	收款人：南郊农场　　　　　　　　　　出票人账号：20063612
出票日期 2015 年 12 月 12 日	人民币　　千百十万千百十元角分
收款人：南郊农场	（大写）捌万陆仟元整　　￥8 6 0 0 0 0 0
金额：￥86 000.00	用途：归还货款　　　　　科目（借）_____
用途：归还货款	上列款项请从
单位主管　　会计	我账户内支付　　对方科目（贷）_____
	出票人签章　　　　　　复核　　　　　记账

表 7.13　记账凭证　　第 20 号
2015 年 12 月 12 日

摘要	科目	子目或户名	借方金额	贷方金额	登账
归还货款	应付账款	南郊农场	￥68 000 00		
	银行存款			￥68 000 00	
			金额写错，少记 18 000		
	合计		￥68 000 00	￥68 000 00	

会计主管：刘婷　　记账：张娜　　出纳　　审核　　制单：刘楠

从记账凭证可以看出，把"86 000"元误写成"68 000"元，少记 18 000 元。更正如下：

用蓝字填制一张少记金额的记账凭证（表 8.14），并登记入账，摘要中注明"补充 ×月 × 日 × 号凭证少计金额"。

表 8.14　记账凭证　　第 21 号

2015 年 12 月 10 日

摘要	科目	子目或户名	借方金额 百十万千百十元角分	贷方金额 百十万千百十元角分	登账
补充12月10日20号凭证	应付账款	南郊农场	￥1 8 0 0 0 0 0		
	银行存款			￥1 8 0 0 0 0 0	
	合计		￥1 8 0 0 0 0 0	￥1 8 0 0 0 0 0	

会计主管：刘婷　　记账：张娜　　出纳　　审核　　制单：刘楠

四、实验资料

HWD 食品厂发生了如下错账，请采用正确的方法进行更正。

（1）12 月 4 日，签发转账支票购买办公用品共计 2 487 元。

中国建设银行转账支票存根
支票号码 10503720-3758534
附加信息
出票日期 2015 年 12 月 4 日
收款人：CG 文具店
金额：￥2 487.00
用途：购买办公用品
单位主管　　会计

中国建设银行　转账支票　陕　支票号码 10503720-3758534
出票日期：贰零壹伍年壹拾贰月零肆日　付款行名称：中国建设银行人民路支行
收款人：CG 文具店　　出票人账号：20063612
人民币（大写）贰仟肆佰捌拾柒元整　￥2 4 8 7 0 0
用途：购买办公用品　　科目（借）_____
上列款项请从我账户内支付　　对方科目（贷）_____
出票人签章　　复核　　记账

记账凭证　　第 11 号

2015 年 12 月 04 日

摘要	科目	子目或户名	借方金额 百十万千百十元角分	贷方金额 百十万千百十元角分	登账
购买办公用品	管理费用		￥2 4 8 7 0 0		
	银行存款			￥2 4 8 7 0 0	
	合计		￥2 4 8 7 0 0	￥2 4 8 7 0 0	

会计主管：刘婷　　记账：张娜　　出纳　　审核　　制单：刘楠

银行存款日记账

2015年		凭证号	摘 要	对应科目	借方	贷方	余 额
月	日						
12	1		期初结存				50 000.00
〃	〃	〃	〃	〃		〃	〃
	4	11	购买办公用品	管理费用		2 487.00	〃
〃	〃	〃	〃	〃	〃		〃
〃	〃	〃	〃	〃	〃		〃
12	31		本月合计				

（2）12月6日，签发转账支票归还前欠榆林面粉厂货款6 000元。

中国建设银行转账支票存根	中国建设银行 转账支票 陕	支票号码 10503720-3758567
支票号码 10503720-3758567	出票日期：贰零壹伍年壹拾贰月零陆日	付款行名称：中国建设银行人民路支行
附加信息 _____	收款人：榆林面粉厂	出票人账号：20063612
出票日期 2015 年 12 月 6 日	人民币　千百十万千百十元角分	
收款人：榆林面粉厂	（大写）陆仟元整　¥ 6 0 0 0 0 0	
金额：¥ 6 000.00	用途：归还货款	科目（借）_____
用途：归还货款	上列款项请从我账户内支付	对方科目（贷）_____
单位主管　　会计	出票人签章　　　　复核　　　　记账	

记账凭证　第 16 号

2015 年 12 月 06 日

摘 要	科 目	子目或户名	借方金额									贷方金额									登账
			百	十	万	千	百	十	元	角	分	百	十	万	千	百	十	元	角	分	
归还货款	银行存款				¥	6	0	0	0	0	0										
	应收账款													¥	6	0	0	0	0	0	
合 计					¥	6	0	0	0	0	0			¥	6	0	0	0	0	0	

会计主管：刘婷　　记账：张娜　　出纳　　审核　　制单：刘楠

银行存款日记账

2015年		凭证号	摘要	对应科目	借方	贷方	余额
月	日						
12	1		期初结存				50 000.00
"	"	"	"			"	"
	6	16	归还货款	"	6 000.00		"
"	"	"	"			"	"
"	"	"	"		"	"	"
12	31		本月合计				

（3）12月9日，以银行存款支付电视台广告费12 800元。

记账凭证 　　　　第 _17_ 号

2015 年 12 月 09 日

摘要	科目	子目或户名	借方金额 百十万千百十元角分	贷方金额 百十万千百十元角分	登账
付广告费	销售费用		¥ 1 8 2 0 0 0 0		
	银行存款			¥ 1 8 2 0 0 0 0	
合 计			¥ 1 8 2 0 0 0 0	¥ 1 8 2 0 0 0 0	

会计主管：刘婷　　　　　记账：张娜　　　　出纳　　　　　审核　　　制单：刘楠

银行存款日记账

2015年		凭证号	摘要	对应科目	借方	贷方	余额
月	日						
12	1		期初结存				50 000.00
"	"	"	"	"	"		"
	9	17	付广告费	"		18 200.00	"
"	"	"	"	"	"		"
"	"	"	"	"		"	"
12	31		本月合计				

（4）12月13日，收到外商投入的货币资金2 900元。

记账凭证　　第 22 号

2015 年 12 月 13 日

摘要	科目	子目或户名	借方金额 百十万千百十元角分	贷方金额 百十万千百十元角分	登账
接受投资	银行存款		¥ 2 6 0 0 0 0		
	实收资本			¥ 2 6 0 0 0 0	
	合　计		¥ 2 6 0 0 0 0	¥ 2 6 0 0 0 0	

会计主管：刘婷　　　　记账：张娜　　　　出纳　　　　审核　　　　制单：刘楠

银行存款日记账

2015年		凭证号	摘要	对应科目	借方	贷方	余额
月	日						
12	1		期初结存				50 000.00
〃	〃	〃	〃	〃		〃	〃
〃	〃	〃	〃	〃		〃	〃
	13	22	接受投资	〃	2 600.00		〃
〃	〃	〃	〃	〃	〃		〃
〃	〃	〃	〃	〃		〃	〃
12	31		本月合计				

（5）12月15日，收到HRZ超市前欠货款87 650.00元。

中国建设银行

2015 年 12 月 15 日

付款人账号：20010228　　　　　　　　付款人名称：HRZ超市
收款人账号：20063612　　　　　　　　收款人名称：HWD食品厂
付款人开户行行号：07135　　　　　　收款人开户行行号：07135
发起行名称：中国建设银行人民路支行　接受行名称：中国建设银行人民路支行
币种：人民币　　　交易金额：¥87 650.00
大写金额：捌万柒仟陆佰伍拾元整

业务种类：转账
交易日期：20151215　　　　　支付交易序号：65898578
交易种类：大额　　　　　　　入账日志号：405648589
委托凭证日期：20151215　　　委托凭证号码：17302170

记账凭证 第 25 号

2015 年 12 月 15 日

摘要	科目	子目或户名	借方金额 百十万千百十元角分	贷方金额 百十万千百十元角分	登账
收回货款	银行存款		¥ 8 7 6 5 0 0 0		
	应收账款			¥ 8 7 6 5 0 0 0	
合 计			¥ 8 7 6 5 0 0 0	¥ 8 7 6 5 0 0 0	

会计主管：刘婷　　　记账：张娜　　　出纳　　　审核　　　制单：刘楠

银行存款日记账

2015年		凭证号	摘要	对应科目	借方	贷方	余额
月	日						
12	1		期初结存				50 000.00
〃	〃	〃	〃	〃	〃		〃
	15	25	收回货款	〃	86 750.00		〃
〃	〃	〃	〃	〃			〃
〃	〃	〃	〃	〃		〃	〃
12	31		本月合计				

（6）12 月 17 日，车间领用面粉 10 袋，用于生产饼干。

领 料 单

领用部门：生产车间　　　　2015 年 12 月 17 日　　　　编号 12-6

用 途	材料名称　面粉		规格型号　特级	计量单位　袋	
	请领	实发	单位成本	成本	备注
生产用	10	10	200	2 000	饼干车间
合 计	10	10	200	2 000	

发料人：崔超　　　　　　领料单位负责人：张康　　　　　　领料人：李杰

记账凭证   第 27 号

2015 年 12 月 17 日

摘 要	科 目	子目或户名	借方金额 百十万千百十元角分	贷方金额 百十万千百十元角分	登账
领用材料	制造费用		¥ 2 0 0 0 0 0		
	原材料	面粉		¥ 2 0 0 0 0 0	
	合 计		¥ 2 0 0 0 0 0	¥ 2 0 0 0 0 0	

会计主管：刘婷   记账：张娜   出纳   审核   制单：刘楠

总分类账户

会计科目：制造费用

2015年		凭证号数	摘 要	对方科目	借 方	贷 方	借或贷	余 额
月	日							
12	1		承前页				借	2 000.00
〃	〃	〃	〃	〃	〃	〃	〃	〃
	17	27	领用材料		2 000.00		〃	〃
12	31		本月合计		〃	〃	〃	〃

120

实验九 资产负债表的编制

一、实验目的

通过本次实验，要求学生认识资产负债表的基本格式，掌握资产负债表各项目的计算方法，并能根据经济业务独立编制资产负债表。

二、实验要求

根据所给资料，编制 HWD 食品厂 2015 年 12 月 31 日的资产负债表。

三、实验指导

（一）资产负债表的内容

1. 资　产

资产在资产负债表中按流动资产和非流动资产两大类别列示，在这两大类别下进一步按性质分项列示。

（1）流动资产，是指预计在一个正常营业周期中变现、出售或耗用，或者主要为交易目的而持有，或者预计在资产负债表日起一年内（含一年）变现，或者自资产负债表日起一年内交换其他资产或清偿负债的能力不受限制的现金或现金等价物。

正常营业周期通常短于一年，但也可长于一年。变现时间短于一个营业周期的资产，为流动资产；反之，为非流动资产。

资产负债表中，流动资产项目包括货币资金、交易性金融资产、应收票据、应收账款、预付账款、应收利息、应收股利、其他应收款、存货和一年内到期的非流动资产等。

（2）非流动资产，是指流动资产外的资产，通常包括长期股权投资、持有至到期投资、固定资产、在建工程、工程物资、固定资产清理、无形资产、开发支出、长期待摊费用以及其他非流动资产等。

2. 负　债

负债在资产负债表中按流动负债和非流动负债两大类别列示，在这两大类别下进一步按性质分项列示。

（1）流动负债，是指预计在一个正常营业周期中清偿，或者主要为交易目的而持有，或者自资产负债表日起一年内（含一年）到期应予以清偿，或者企业无权自主将清偿推后至资产负债表日后一年以上的负债。资产负债表中列示的流动负债项目通常包括短期借款、应付票据、应付账款、预收账款、应付职工薪酬、应交税费、应付利息、应付股利、其他应付款、一年内到期的非流动负债等。

（2）非流动负债，是指流动负债外的负债。非流动负债项目通常包括长期借款、应付债券和其他非流动负债等。

3. 所有者权益

所有者权益一般按照实收资本（或股本）、资本公积、盈余公积和未分配利润分项列示。

（二）资产负债表的结构

资产负债表的结构有账户式和报告式两种。我国企业会计制度规定，资产负债表采用账户式结构。账户式资产负债表分左、右两方，左方列示资产项目，按资产的流动性大小排列；右方列示负债及所有者权益项目，一般按要求清偿时间的先后顺序排列。根据会计等式的基本原理，左方的资产总额等于右方的负债及所有者权益总额。

（三）资产负债表项目的填列方法

资产负债表各项目均需填列"年初余额"和"期末余额"两栏。其中：

"年初余额"栏内各项数字应根据上年年末（12月31日）资产负债表的"期末余额"填列，若上年度资产负债表规定的各个项目的名称和内容与本年度不一致，应对上年年末资产负债表各项目的名称和数字按照本年度的规定调整填入本表"年初余额"栏内。

"期末余额"栏内各项数字大多根据相应的总账科目期末余额填列。以企业为例，由于报表项目与会计科目并不完全一致，因而该表的期末余额各项目有下列两种填列方法。

1. 直接填列法

直接填列法是根据总账科目的期末余额直接填列资产负债表项目期末余额的方法。该表的大部分项目可以直接根据总账科目余额填列，如"其他应收款""固定资产""累计折旧""短期借款""应付职工薪酬""应交税费""应付股利""实收资本""盈余公积"等。

2. 分析计算填列法

分析计算填列法是将总账科目和明细科目的期末余额，按照资产负债表项目的内容进行分析，计算以后填列期末余额有关项目的方法。这种方法的分析计算依据又各有不同，主要有以下三种：

（1）根据若干总账科目的期末余额分析、计算填列，如"货币资金""应收账款""长期股权投资""固定资产""无形资产""存货"等项目的填列。"存货"项目需根据"原材料""库存商品""委托加工物资""周转材料""材料采购""在途物资""发出商品""材料成本差异"等总账科目期末余额的分析汇总数，再减去"存货跌价准备"备抵科目余额填列。

（2）根据若干明细科目的期末余额分析、计算填列，如"应收账款""预付账款""应付账款""预收账款"等项目的填列。

（3）根据总账科目和明细科目二者余额分析填列，如"长期借款"项目。

（四）资产负债表项目的填列说明

资产负债表中各项目期末栏数字具体计算填列方法如下。

1. 资产项目的填列方法

（1）"货币资金"项目，反映企业库存现金、银行结算户存款等的合计数。本项目应根据"库存现金"和"银行存款"科目的期末余额的合计数填列。

（2）"交易性金融资产"项目，反映企业持有的以公允价值计量且其变动计入当期损益为交易目的所持有的债券投资、股票投资等金融资产。本项目应根据"交易性金融资产"科目的期末余额合计数填列。

（3）"应收票据"项目，反映企业因销售商品、提供劳务等而收到的商业汇票。本项目应根据"应收票据"科目的期末余额减去"坏账准备"科目中有关应收票据计提的坏账准备期末余额后的金额填列。

（4）"应收账款"项目，反映企业因销售产品、提供劳务等经营活动应收取的款项。本项目应根据"应收账款"和"预收账款"科目所属各明细科目的期末借方余额合计减去"坏账准备"科目中有关应收账款计提的坏账准备期末余额后的金额填列。如"应收账款"科目所属明细科目期末有贷方余额，应在本表"预收款项"项目中填列。

（5）"预付账款"项目，反映企业因购买材料及劳务等经营活动发生的各种预付款项。本项目应根据"应付账款"和"预付账款"科目所属各明细科目的期末借方余额之和减去"坏账准备"科目中有关预付账款计提的坏账准备期末余额后的金额填列。如"预付账款"科目所属各明细科目期末有贷方余额，应在本表"应付账款"项目中填列。

（6）"应收利息"项目，反映企业应收取的债券投资等的利息。本项目应根据"应收利息"科目的期末余额直接填列。

（7）"应收股利"项目，反映企业应收取的现金股利和应收取其他单位分配的利润。本项目应根据"应收股利"科目的期末余额直接填列。

（8）"其他应收款"项目，反映企业除应收票据、应收账款、预付账款、应收股利、应收利息等经营活动以外的其他各种应收、暂付的款项。本项目应根据"其他应收款"科目的期末余额减去"坏账准备"科目中有关其他应收款计提的坏账准备期末余额后的金额填列。

（9）"存货"项目，反映企业期末在库存、在途和在加工中的各种存货的可变现净值。本项目应根据"在途物资""原材料""低值易耗品""库存商品""周转材料""委托加工物资""发出商品""生产成本"等科目的期末余额合计减去"存货跌价准备"等科目余额后的金额填列。材料按计划成本核算、库存商品按售价核算的企业，还应按加或减材料成本差异、商品进销差价后的金额填列。

（10）"一年内到期的非流动资产"项目，反映企业将于一年内到期的非流动资产项目金额。本项目应根据有关科目的期末余额分析填列。

（11）"长期股权投资"项目，反映企业持有的对子公司、联营公司和合营企业的权益性投资以及其他权益性投资。本项目应根据"长期股权投资"科目的期末余额减去"长期股权投资减值准备"科目的期末余额后的金额填列。

（12）"固定资产"项目，反映企业各种固定资产原价减去累计折旧和累计减值准备后的净额。本项目应根据"固定资产"科目的期末余额减去"累计折旧"和"固定资产减值准备"科目期末余额后的金额填列。

（13）"在建工程"项目，反映企业期末各项未完工程的实际支出，包括交付安装的设备价值、未完建筑安装工程已经耗用的材料、薪酬和费用支出，预付出包工程的价款等的可收回金额。本项目应根据"在建工程"科目的期末余额减去"在建工程减值准备"科目期末余额后的金额填列。

（14）"工程物资"项目，反映企业尚未使用的各项工程物资的实际成本。本项目应根据"工程物资"科目期末余额填列。

（15）"固定资产清理"项目，反映企业因出售、毁损、报废等原因转入清理但尚未清理完毕的固定资产的净值，以及固定资产清理过程中所发生的清理费用和变价收入等各项金额的差额。本项目应根据"固定资产清理"科目的期末借方余额填列。

（16）"无形资产"项目，反映企业持有的无形资产，包括专利权、非专利技术、商标权、著作权、土地使用权等。本项目应根据"无形资产"科目的期末余额减去"累计摊销"和"无形资产减值准备"科目期末余额后的金额填列。

（17）"开发支出"项目，反映企业开发无形资产过程中能够资本化形成无形资产成本的支出部分。本项目应根据"研发支出"科目中所属的"资本化支出"明细科目期末余额填列。

（18）"长期待摊费用"项目，反映企业已经发生但应由本期和后期负担的分摊期限在一年以上的各项费用。本项目应根据"长期待摊费用"科目的期末余额减去将于一年内（含一年）摊销的数额后的金额填列。

（19）"其他非流动资产"项目，反映企业除长期股权投资、固定资产、在建工程、工程物资、无形资产等以外的其他非流动资产。本项目应根据有关科目的期末余额填列。

2. 负债项目的填列方法

（1）"短期借款"项目，反映企业向银行或其他金融机构等借入的偿还期限在一年以下（含一年）的各种借款。本项目应根据"短期借款"科目的期末余额填列。

（2）"应付票据"项目，反映企业购买材料、商品和接受劳务供应等而开出、承兑的商业汇票。本项目应根据"应付票据"科目的期末余额填列。

（3）"应付账款"项目，反映企业由于购买材料、商品和接受劳务供应等经营活动应支付的款项。本项目应根据"应付账款"和"预付账款"科目所属明细科目的期末贷方的余额之和填列。

（4）"预收账款"项目，反映企业预收购买单位的账款。本项目应根据"应收账款"和"预收账款"科目所属明细科目的期末贷方余额之和填列。

（5）"应付职工薪酬"项目，反映企业应付未付的职工工资、职工福利、社会保险费、住房公积金、工会经费、职工教育经费、非货币性福利、辞退福利等各种薪酬。本项目应根据"应付职工薪酬"科目的期末贷方余额填列。

（6）"应交税费"项目，反映企业期末未交、多交或未抵扣的各种税金。本项目应根据"应交税费"科目的期末贷方余额填列。该科目期末如为借方余额，则以"-"号填列。

（7）"应付利息"项目，反映企业按照规定应当支付的利息。本项目应根据"应收利息"科目的期末余额填列。

（8）"应付股利"项目，反映企业分配的现金股利或利润。企业分配的股票股利，不通过本项目列示。本项目应根据"应付股利"科目的期末余额填列。

（9）"其他应付款"项目，反映企业除应付票据、应付账款、预收账款、应付职工薪酬、应付股利、应付利息、应交税费等经营活动以外的其他应付、暂收款。本项目应根据"其他应付款"科目的期末余额填列。

（10）"一年内到期的流动负债"项目，反映企业非流动负债中将于资产负债表日后一年内到期部分的金额。本项目应根据有关科目的期末余额分析填列。

（11）"长期借款"项目，反映企业向银行或其他金融机构借入的期限在一年以上（不含一年）的各项借款。本项目应根据"长期借款"科目的期末余额减去将于一年内（含一年）到期的长期借款后的余额填列。长期借款中，将于一年内（含一年）到期的，应在"一年内到期的长期负债"项目内单独反映。

（12）"应付债券"项目，反映企业为筹集长期资金而发行的债券本金和利息。本项目应根据"应付债券"科目的期末余额扣除将在一年内（含一年）到期部分后的余额填列。

（13）"其他非流动负债"项目，反映企业除长期借款、应付债券等项目以外的其他非流动负债。其他非流动负债应根据有关科目期末余额减去将于一年内（含一年）到期偿还数后的余额填列。

非流动负债各项目中将于一年内（含一年）到期的非流动负债，应在"一年内到期的非流动负债"项目内单独反映。

3. 所有者权益项目的填列说明

（1）"实收资本（或股本）"项目，反映企业各投资者实际投入的资本（或股本）总额。本项目应根据"实收资本（或股本）"科目的期末余额填列。

（2）"资本公积"项目，反映企业资本公积的期末余额，本项目应根据"资本公积"

科目的期末余额填列。

（3）"盈余公积"项目，反映企业盈余公积的期末余额。本项目应根据"盈余公积"科目的期末余额填列。

（4）"未分配利润"项目，反映企业尚未分配的利润如1—11月，本项目应根据"本年利润"科目的余额和"利润分配"科目的余额计算填列，如果以上两个科目都为贷方余额，则将二者之和填入本项目；如果"本年利润"科目为贷方余额，"利润分配"科目为借方余额，则以二者的差额填入本项目；贷方余额大于借方余额之差，用"+"号填列，贷方余额小于借方余额之差，用"－"号填列；年末，则根据"利润分配"科目的年末贷方余额直接填列本项目，该科目年末如为借方余额，则以"－"号填列。

四、实验资料

HWD食品厂2015年11月30日的试算平衡表，如表9.1所示。

表9.1 试算平衡表

账户名称	借方余额	贷方余额
库存现金	30 000	
银行存款	300 000	
应收账款	40 000	
其他应收款	2000	
原材料	90 000	
库存商品	300 000	
固定资产	100 000	
累计折旧		5 000
短期借款		60 000
应付票据		100 000
长期借款		146 000
应付账款		60 000
应付职工薪酬		20 000
应交税费		20 000
应付股利		7 000
实收资本		187 000
资本公积		35 000
盈余公积		82 000
利润分配		140 000
合　　计	862 000	862 000

12月经济业务如下：

（1）从原生态养鸡场购入鸡蛋1 000千克，收到的增值税专用发票上注明的价款为10 000元，增值税进项税额为1 700元，款项已通过银行存款支付，鸡蛋验收入库。

（2）员工王钢出差预借差旅费5 500元，以现金付讫。

（3）收到银行通知，用银行存款支付到期的商业承兑汇票100 000元。

（4）企业行政部门员工王钢原出差预借5 500元，现报销5 000元，余额交回现金500元。

（5）现金清查中，发现库存现金短缺200元，经查，其中180元属于出纳员张丽的责任，20元无法查明原因。

（6）向HRZ超市销售蛋糕100件，售价100 000元，增值税税额17 000元，款项已经收到存入银行。

（7）用银行存款从南郊农场购入牛奶2 500千克，买价10 000元，增值税进项税额1700元，牛奶已经验收入库。

（8）收到投资者追加投资100 000元，存入银行。

（9）通过银行向榆林蔗糖厂预付购料款40 000元。

（10）从榆林面粉厂购进的面粉100袋，每袋200元，价款20 000元，增值税进项税额3 400元，发票账单已到，面粉已经验收入库，款项尚未支付。

（11）收到榆林蔗糖厂发来的蔗糖5 000千克，价款40 000元，增值税进项税额6 800元，余款用银行存款支付，蔗糖已经验收入库。

（12）生产饼干领用牛奶5 000元，面粉40 000元，鸡蛋5 000元，植物油4 000元，蔗糖8 000元。

（13）生产蛋糕领用牛奶7 000元，面粉40 000元，鸡蛋10 000元，植物油6 000元，蔗糖8 000元。

（14）采购员李倩预借差旅费1 000元，以现金付讫。

（15）李倩出差回来，报销差旅费800元，余款退回现金200元，结清借支。

（16）向XJY超市销售蛋糕110件，货款110 000元，增值税销项税额18 700元，以银行存款代垫运费1 000元，收到XJY超市开来的商业汇票一张，面额129700元，期限为3个月。

（17）收到HMT超市预付货款50 000元，存入银行。

（18）向HMT销售饼干220件，售价198 000元，增值税销项税额33 660元，补款收到并存入银行。

（19）以银行存款支付当月厂部行政管理部门电费1 000元。

（20）开出转账支票一张，支付厂部行政管理部门房屋租金6 000元。

（21）以银行存款支付产品广告费3 000元。

（22）购买单位交来包装物押金500元，存入银行。

（23）以现金购买办公用品65元，当即交付行政管理部门使用。

（24）现金清查中，发现库存现金溢余 210 元，经查，其中 150 元应支付给员工李枫的补助，其余 60 元长款原因不明。

（25）经批准，将盈余公积金 40 000 元和资本公积金 17 000 元转增为实收资本。

（26）以银行存款支付本季度短期借款利息 9 000 元，已预提该项借款利息 6 000 元。

（27）企业开出转账支票向希望工程捐款 50 000 元。

（28）上月盘盈机器一台，重置价值 60 000 元，七成新，现批准转为营业外收入。

（29）经计算本月应付职工工资 85 000 元。其中，饼干生产工人工资 28 000 元，蛋糕生产工人工资 36 000 元，车间管理人员工资 9 000 元，行政管理人员工资 10 000 元，在建工程人员工资 2 000 元。

（30）计提本月折旧，其中生产车间提取固定资产折旧 6 000 元，厂部行政管理部门提折旧 2 000 元。

（31）按生产工时将制造费用在饼干和蛋糕之间分配，饼干的生产工时 400 小时，蛋糕的生产工时 600 小时。

（32）生产完工验收入库饼干 160 件，蛋糕 145 件，结转完工产品成本。

（33）计算出本月应交城建税以及教育费附加共计 6 691.2 元。

（34）结转已售饼干成本 132 000 元，已售蛋糕成本 168 000 元。

（35）将各项收入、成本费用转入本年利润账户。

（36）计提并结转所得税。

（37）结转本年利润。

（38）按净利润 10%计提盈余公积，按 20%计提股利。

（39）结转利润分配。

要求：根据上述业务编制 HWD 食品厂 2015 年 12 月 31 日的资产负债表（表 9.2）。

表 9.2　资产负债表

编制单位：HWD 食品厂　　　　　　2015 年 12 月 31 日　　　　　　　　单位：元

资　产	期初数	期末数	负债及所有者权益	期初数	期末数
流动资产：			流动负债：		
货币资金			短期借款		
应收账款			应付账款		
预付账款			预收账款		
其他应收款			其他应付款		
存货			应交税费		
流动资产合计			应付利润		
			一年内到期的长期借款		

续表

编制单位：HWD食品厂　　　　2015年12月31日　　　　　　　　　　　　　单位：元

资　产	期初数	期末数	负债及所有者权益	期初数	期末数
			流动负债合计		
			长期负债：		
			长期借款		
非流动资产			负债合计		
固定资产			所有者权益：		
无形资产			实收资本		
			资本公积		
			盈余公积		
			未分配利润		
非流动资产合计			所有者权益合计		
资产合计			负债及所有者权益合计		

实验十　利润表的编制

一、实验目的

通过本次实验，要求学生认识利润表的基本格式，掌握利润表各项目的计算方法，并能够根据所给经济业务独立完成利润表的编制。

二、实验要求

根据所给资料，编制 HWD 食品厂 2015 年 12 月的利润表。

三、实验指导

（一）利润表的格式及内容

利润表的格式有单步式和多步式两种，我国《企业会计制度》规定，企业的利润表采用多步式格式。

单步式利润表是将所有收入和费用分别加以汇总，用收入合计减去费用合计，从而得到本期利润。单步式利润表编制方法简单，收入、支出归类清楚，但缺点是收入、费用的性质不加区别，不利于报表分析。

多步式利润表是将收入与费用按同类属性分别加以归集，分别计算营业利润、利润总额，最后计算出所得税后利润。我国目前的利润表采用的就是多步式结构。

（二）利润表的编制步骤

企业利润表的编制分为以下三步进行。

第一步：计算出营业利润

营业利润的公式表示为：

营业利润 = 营业收入 – 营业成本 – 营业税金及附加 – 销售费用 – 管理费用 – 财务费用 – 资产减值损失+公允价值变动收益（减去公允价值变动损失）+投资收益（减去投资损失）

第二步：计算出利润总额

利润总额的公式表示为：

利润总额 = 营业利润 + 营业外收入 – 营业外支出

第三步：计算出净利润

净利润的公式表示为：

净利润 = 利润总额 – 所得税费用

（三）利润表项目的填列说明

（1）"营业收入"项目，反映企业经营主要业务和其他业务所确认的收入总额。本项目应根据"主营业务收入"和"其他业务收入"科目的发生额分析填列。

（2）"营业成本"项目，反映企业经营主要业务和其他业务所发生的成本总额。本项目应根据"主营业务成本"和"其他业务成本"科目的发生额分析填列。

（3）"营业税金及附加"项目，反映企业经营业务应负担的消费税、城市建设维护税、资源税和教育费附加等。本项目应根据"营业税金及附加"科目的发生额分析填列。

（4）"销售费用"项目，反映企业在销售商品过程中发生的包装费、广告费等费用和为销售本企业商品而专设的销售机构的职工薪酬、业务费等经营费用。本项目应根据"销售费用"科目的发生额分析填列。

（5）"管理费用"项目，反映企业为组织和管理生产经营发生的管理费用。本项目应根据"管理费用"科目的发生额分析填列。

（6）"财务费用"项目，反映企业筹集生产经营所需资金等而发生的筹资费用。本项目应根据"财务费用"科目的发生额分析填列。

（7）"资产减值损失"项目，反映企业各项资产发生的减值损失。本项目应根据"资产减值损失"科目的发生额分析填列。

（8）"公允价值变动收益"项目，反映企业应当计入当期损益的资产或负债公允价值变动收益。本项目应根据"公允价值变动收益"科目的发生额分析填列，如为净损失，本项目以"－"号填列。

（9）"投资收益"项目，反映企业以各种方式对外投资所获得的收益。本项目应根据"投资收益"科目的发生额分析填列，如为投资损失，本项目以"－"号填列。

（10）"营业利润"项目，反映企业实现的营业利润。如为亏损，本项目以"－"号填列。

（11）"营业外收入"项目，反映企业发生的与经营业务无直接关系的各项收入。本项目应根据"营业外收入"科目的发生额分析填列。

（12）"营业外支出"项目，反映企业发生的与经营业务无直接关系的各项支出。本项目应根据"营业外支出"科目的发生额分析填列。

（13）"利润总额"项目，反映企业在报告期内实现的利润。本项目的"本月数"是根据以上各项目本月实际数字计算而得，"累计数"应为"本年利润"科目从年初到本报告期累积的期末余额，也应与根据以上各项目的累计数计算的结果相符。计算利润总额按上面的前三步计算公式进行，如为亏损额，以"－"号填列。

（14）"所得税费用"项目，反映企业应从当期利润总额中扣除的所得税费用。本项目根据"所得税费用"科目的发生额分析填列。

（15）"净利润"项目，反映企业实现的净利润，是根据利润总额减所得税费用而得。如为净亏损，以"－"号填列。

以上各项目的"本月数"根据各有关会计科目的本月发生额直接填列;"本年累计数"栏反映各项目自年初起到本报告期止的累计发生额,应根据上月"利润表"的累计数加上本月"利润表"的本月数之和填列。

年度"利润表"的"本月数"栏改为"上年数"栏,应根据上年末"利润表"的数字填列。如果上年末"利润表"与本年"利润表"的项目名称和内容不相一致,应对上年的报表项目名称和数字按本年度的规定进行调整,然后填入"上年数"栏。

四、实验资料

HWD食品厂12月份的经济业务如下:

(1)销售蛋糕80件,每件售价1 000元,增值税税率17%,款项已通过银行收讫。
(2)销售饼干50件,每件售价900元,增值税销项税额7 650元,款项尚未收到。
(3)以银行存款支付本月销售蛋糕和饼干的销售费用14 358元。
(4)按规定计算应交纳城市维护建设税1 487.5元,教育费附加1 062.5元。
(5)结转销售产品的生产成本。其中蛋糕生产成本65 400元,饼干生产成本36 000元。
(6)李彤外出归来报销差旅费700元(原预支800元),余额交回现金。
(7)企业收到销售饼干的货款和税款,存入银行。
(8)以现金800元支付厂部办公费。
(9)期末,根据上述有关经济业务,结转本期收入。
(10)期末,根据上述有关经济业务,结转本月成本和费用。
(11)根据本期实现的利润总额,按25%的税率计算并结转应交所得税。

要求:根据上述经济业务的内容编制利润表(表10.1)。

表10.1 利润表

编制单位:HWD食品厂　　　　2015年12月　　　　单位:元

项　目	本月数	累计数
一、营业收入		
减:营业成本		略
营业税金及附加		
销售费用		
管理费用		
财务费用		略
加:投资收益		
营业利润		
加:营业外收入		
减:营业外支出		
二、利润总额		
减:所得税		
三、净利润		

实验十一　会计综合实验

一、实验目的

通过本次实验，希望学生掌握从记账凭证的填制到会计账簿登记再到会计报表编制的整个会计循环的实际操作。

二、实验要求

（1）根据所给的经济业务及原始凭证编制记账凭证。
（2）建账，并登记各账户的期初余额。
（3）根据记账凭证登记银行存款日记账、现金日记账。
（4）根据记账凭证登记总分类账和各种明细分类账，结出各账户的本期发生额及期末余额。
（5）编制 2015 年 12 月 31 日的资产负债表和 2015 年 12 月的利润表。

三、实验资料

（一）HWD 食品厂 2015 年 11 月 30 日全部账户余额资料

1. 总账账户余额（表 11.1）

表 11.1　总账账户余额资料

会计科目	借　方	贷　方
现　金	4 200	
银行存款	300 000	
应收账款	180 000	
其他应收款	6 600	
原材料	120 000	
生产成本	42 240	
库存商品	480 000	
待摊费用	3 000	
固定资产	600 000	
累计折旧		58 240
短期借款		200 000
应付账款		120 000

续表

会计科目	借方	贷方
应付工资		14 000
应付福利费		3 600
应交税费		5 800
其他应交款		1 200
预提费用		10 000
实收资本		1 000 000
盈余公积		78 200
本年利润		140 000
利润分配		105 000

2. 有关明细账户余额

（1）"原材料"余额120 000元，具体资料如表11.2所示。

表11.2 明细账户余额资料

名称	计量单位	数量	单价	金额
面粉	袋	500	200	100 000
牛奶	斤	500	2	1 000
鸡蛋	斤	600	5	3 000
白砂糖	斤	1 000	4	4 000
植物油	斤	1 000	12	12 000
合计				120 000

（2）"生产成本"余额42 240元，其中：蛋糕25 000元（直接材料12 000元、直接人工6 000元、制造费用7 000元）；面包17 240元（直接材料10 240元、直接人工3 000元、制造费用4 000元）。

（3）"库存商品"余额480 000元，其中：蛋糕250件，单位成本800元；面包400件，单位成本700元。

（4）"应收账款"余额180 000元，其中：应收HRZ超市账款120 000元，应收HMT超市60 000元。

（5）"其他应收款"余额6 600元，其中：职工李军的借款1 600元，应收HG公司固定资产租金5 000元。

（6）"应付账款"余额120 000元，其中：应付榆林蔗糖厂20 000元，应付榆林面粉厂100 000元。

3. HWD食品厂2015年11月30日的资产负债表和利润表资料（表11.3~表11.4）

表11.3 资产负债表

编制单位：HWD食品厂　　　　　2015年11月30日　　　　　　　　单位：元

资产	年初数	期末数	负债及所有者权益	年初数	期末数
流动资产：			**流动负债：**		
货币资金	98 200	86 780	短期借款	250 000	143 960
应收账款	120 000	105 000	应付账款	150 000	125 000
其他应收款	13 200	11 000	其他应付款	3 450	5 400
存货	440 000	410 000	应付职工薪酬		
待摊费用	5 300	4 300	应付福利费	18 940	25 200
其他流动资产			未交税费	4 520	3 430
流动资产合计	676 700	617 080	预提费用	7 800	6 800
固定资产：			其他流动负债		
固定资产原价	600 000	600 000	**流动负债合计**	434 710	309 790
减：累计折旧	40 000	50 000	**长期负债：**		
固定资产净值	560 000	550 000	长期借款		
在建工程			应付债券		
固定资产合计	560 000	550 000	其他长期负债		
无形及递延资产：			**长期负债合计**		
			负债合计	434 710	309 790
			所有者权益：		
			实收资本	700 000	700 000
其他资产：			资本公积		
			盈余公积	61 000	68 000
			未分配利润	40 990	89 290
			所有者权益合计	801 990	857 290
资产合计	1 236 700	1 167 080	**负债及所有者权益合计**	1 236 700	1 167 080

表 11.4 利润表

编制单位：HWD 食品厂　　　　　　2015 年 11 月　　　　　　　　　　单位：元

项　目	本月数	本年累计数
一、主营业务收入	250 000	3 150 000
减：主营业务成本	1 750 000	2 205 000
主营业务税金及附加	2 500	22 050
二、主营业务利润	72 500	922 950
加：其他业务利润		
减：管理费用		
营业费用	12 300	81 200
财务费用	1 200	12 500
加：投资收益		
三、营业利润	59 000	829 250
加：营业外收入	24 100	57 800
减：营业外支出	8 960	21 800
四、利润总额	74 140	865 250
减：所得税	24 140	265 250
五、净利润	50 000	600 000

（二）12 月份发生的各项经济业务

（1）12 月 1 日，收回 HMT 超市前欠购货款 36 000 元存入银行。

中国建设银行现金缴款单

2015 年 12 月 01 日

单位填写	收款单位	HWD 食品厂	交款人	马梅								
	账号	20063612	款项来源	销售收入								
	（大写）人民币叁万陆仟元整				百	十	万	千	百	十	元	角	分
						¥	3	6	0	0	0	0	0
银行专用栏	交易码：0810 现金存入		柜员交易号：75674546487461970									
	单位名称：HWD 食品厂											
	单位账号：20063612		起息日期：2015.12.01									
	币种及金额（大写）人民币叁万陆仟元整											
	（小写）RMB36 000.00											
	摘要：		任务号：1256485431668795 33452									

（2）12月4日，生产车间领用面粉500袋，牛奶250千克，白砂糖500千克，植物油500千克，鸡蛋300千克，用于生产面包、蛋糕。具体耗费见领料单。

领料单

领用部门：生产车间　　　　　　2015 年 12 月 04 日　　　　　　编号 12-1

用　途	材料名称　面粉		规格型号　特级	计量单位　袋	
	请领	实发	单位成本	成本	备注
生产用	380	380	200	76 000	面包车间
	120	120	200	24 000	蛋糕车间
合　计	500	500	200	100 000	

发料人：崔超　　　　　　领料单位负责人：张康　　　　　　领料人：李杰

领料单

领用部门：生产车间　　　　　　2015 年 12 月 04 日　　　　　　编号 12-2

用　途	材料名称　牛奶		规格型号	计量单位　千克	
	请领	实发	单位成本	成本	备注
生产用	125	125	4	500	面包车间
	125	125	4	500	蛋糕车间
合　计	250	250	4	1 000	

发料人：崔超　　　　　　领料单位负责人：张康　　　　　　领料人：李杰

领料单

领用部门：生产车间　　　　　　2015 年 12 月 04 日　　　　　　编号 12-3

用　途	材料名称　蔗糖		规格型号　特级	计量单位　千克	
	请领	实发	单位成本	成本	备注
生产用	262.5	262.5	8	2 100	面包车间
	237.5	237.5	8	1 900	蛋糕车间
合　计	500	500	8	4 000	

发料人：崔超　　　　　　领料单位负责人：张康　　　　　　领料人：李杰

领料单

领用部门：生产车间　　　　　　2015 年 12 月 04 日　　　　　　编号 12-4

用　途	材料名称　植物油		规格型号	计量单位　千克	
	请领	实发	单位成本	成本	备注
生产用	250	250	24	6 000	面包车间
	250	250	24	6 000	蛋糕车间
合　计	500	500	24	12 000	

发料人：崔超　　　　　　领料单位负责人：张康　　　　　　领料人：李杰

领料单

领用部门：生产车间　　　2015 年 12 月 04 日　　　编号 12-5

用　途	材料名称	鸡蛋	规格型号		计量单位	千克	
	请领	实发	单位成本		成本	备注	
生产用	150	150	10		1 500	面包车间	
	150	150	10		1 500	蛋糕车间	
合　计	300	300	10		3 000		

发料人：崔超　　　　　　领料单位负责人：张康　　　　　　领料人：李杰

（3）12 月 4 日，以银行存款支付办公费 3 200 元，其中生产车间 2 000 元，管理部门 1 200 元。

中国建设银行转账支票存根	中国建设银行　　转账支票	陕 支票号码 10503720-3758567
支票号码 10503720-3758567	出票日期：贰零壹伍年壹拾贰月零肆日	付款行名称：中国建设银行人民路支行
附加信息	收款人：ZY 百货商场	出票人账号：20063612
出票日期 2015 年 12 月 4 日	人民币　千百十万千百十元角分	
收款人：ZY 百货商场	（大写）叁仟贰佰元整　　￥3 2 0 0 0 0	
金额：￥3 200.00	用途：办公费	科目（借）
用途：办公费	上列款项请从我账户内支付	对方科目（贷）
单位主管　　会计	出票人签章　　　　复核　　　　记账	

（4）12 月 6 日，以银行存款购买设备一台，价款 20 000 元，增值税 3 400 元，运输费 1 000 元，该设备已投入使用。

陕西省增值税专用发票
发 票 联

开票日期：2015 年 12 月 06 日　　　No. 610152668

购货单位	名　称	HWD 食品厂		纳税人登记号		6127 24010758643		
	地址、电话	陕西省榆林市柳营路 7 号		开户银行及账号		中国建设银行人民路支行 20063612		
货物或劳务名称	规格型号	计量单位	数量	单价	金额 百十万千百十元角分	税率(%)	税额 百十万千百十元角分	
设备		台	1	20 000	￥2 0 0 0 0 0 0	17	￥3 4 0 0 0 0	
合　计					￥2 0 0 0 0 0 0		￥3 4 0 0 0 0	
价税合计	贰万叁仟肆佰元整						￥23 400.00	
备　注								
销货单位	名　称	西安市 ZR 设备有限公司		税务登记号		610104212576382		
	地址、电话	陕西省西安市未央路 6 号		开户银行及账号		中国建设银行未央路支行 20110205		

收款人：　　　复核：　　　开票：张东　　　销售方：（章）

（5）12月7日，从银行提取现金100 000元，以备发工资和零星开支。

中国建设银行现金支票存根	中国建设银行 现金支票	陕 支票号码 10503720-3758512
支票号码 10503720-3758512	出票日期：贰零壹伍年壹拾贰月零柒日	付款行名称：中国建设银行人民路支行
附加信息 _____	收款人：HWD食品厂	出票人账号：20063612
出票日期 2015 年 12 月 07 日	人民币　　千百十万千百十元角分	
收款人：HWD食品厂	（大写）壹拾万元整　¥ 1 0 0 0 0 0 0 0	
金额：¥100 000.00	用途：发工资	科目（借）_____
用途：发工资　财务专用章	上列款项请从我账户内支付	对方科目（贷）_____
单位主管　　会计	出票人签章	复核　　　　记账

（6）12月8日，以现金发放职工工资99 000元。

工资发放表

日期：2015年12月1日—2015年12月31日

姓名	应付工资	应扣个人缴纳保险				税前合计	个人所得税	实发金额
		养老保险	医疗保险	失业保险	合计			
张亮	8 318	200	50	25	275	8 043	353.69	7 689.31
马梅	6 261	200	50	25	275	5 986	143.58	5 842.42
刘婷	5 830	200	50	25	275	5 555	100.50	5 454.50
张娜	5 234	200	50	25	275	4 959	43.77	4 915.23
刘楠	4 430	200	50	25	275	4 155	19.65	4 135.35
崔超	4 126	200	50	25	275	3 851	10.53	3 840.47
李明	6 399	200	50	25	275	6 124	157.42	5 966.58
张康	3 868	200	50	25	275	3 593	2.80	3 590.20
李杰	3 530	200	50	25	275	3 255	0	3 255
李涛	3 660	200	50	25	275	3 385	0	3 385
李丽	2 622	200	50	25	275	2 347	0	2 347
孙明	4 126	200	50	25	275	3 851	10.53	3 840.47
王凯	3 330	200	50	25	275	3 055	0	3 055
王刚	3 180	200	50	25	275	2 905	0	2 905
刘威	3 280	200	50	25	275	3 005	0	3 005
杨锋	2 960	200	50	25	275	2 685	0	2 685
..	..	..	..	..	..	..	..	..
..	..	..	..	..	..	..	..	..
合计		..	..	..	..	..	..	99 000

（7）12月9日，采购员李明报销差旅费1 800元（出差前未向公司借款），以现金支付。

费用报销单

部门：采购部　　　　　　　2015年12月09日　　　　　　单据及附件共 6 页

用　途	金　额	备注	领导审批
交通费	￥600.00		
住宿费	￥700.00		
伙食费	￥500.00		张亮 2015年12月09日
合计	￥1 800.00		

金额大写：壹仟捌佰元整　　　原借款：￥0.00元　　　应退（补）款：￥1 800.00元

会计主管：刘婷　　　　　　会计：张娜　　　　　　制表：刘楠

（现金付讫）

陕西省有奖网络在线通用发票（西安）

开票日期：2015年12月07日　　发票联　　　　发票代码：261011300651

付款单位（个人）：HWD食品厂　　　　　　　　发票号码 06854563

行业类别：服务业　　机打票号 26101130065106854563

查询码：60797801902052738089　　防伪码：50255095172145432714

项目　旅店业住宿费　　　　　金额 700.00

合计（大写）柒佰元整　　　　　　　小写：￥700.00元

备注：发票接收方可以登录陕西地税 www.12366sds.gov.cn 进行真伪查询，如查询结果与票面不一致，请速拨打陕西地税 12366 进行举报

收款单位税号：10366101036833890427　　　　　开票人：王佳

收款单位：（盖章有效）陕西CA明珠酒店

210D039880		210D039875	
西安站 　K8188→ 　榆林站		榆林站 　K8168→ 　西安站	
Xi'an　　　　　　　Yulin		Yulin　　　　　　　Xi'an	
2015年12月08日 09:00 开　09车14号下铺		2015年12月05日 11:00 开　11车12号下铺	
￥300元　　　　　新空调硬卧		￥300元　　　　　新空调硬卧	
限乘当日当次车		限乘当日当次车	
612724********3867 李明		612724********3867 李明	
中国铁路祝您旅途愉快		中国铁路祝您旅途愉快	
39473312100226D039943　西安站售		39473312100226D039912　榆林站售	

陕西省西安市餐饮娱乐业定额发票

发票联　　　　　　　西安地税（99A）

客户名称：　　　　　　　　　　　No.5665410

金额：贰佰元

收款单位：
收款人：

（西安市LJ大饭店 西安税务局 发票专用章）

2015 年 12 月 05 日

报销凭证

陕西省西安市餐饮娱乐业定额发票

发票联　　　　　　　西安地税（99A）

客户名称：　　　　　　　　　　　No.5665413

金额：贰佰元

收款单位：
收款人：

（西安市LJ大饭店 西安税务局 发票专用章）

2015 年 12 月 06 日

报销凭证

陕西省西安市餐饮娱乐业定额发票

发票联　　　　　　　西安地税（99A）

客户名称：　　　　　　　　　　　No.5665416

金额：壹佰元

收款单位：
收款人：

（西安市LJ大饭店 西安税务局 发票专用章）

2015 年 12 月 07 日

报销凭证

（8）12 月 10 日，收到 DX 集团追加投资 160 000 元，已存入银行。

中国建设银行进账单（收账通知）

2015 年 12 月 08 日

收款人	全称	HWD 食品厂	付款人	全称	DX 集团
	账号	20063612		账号	20010231
	开户行	中国建设银行人民路支行		开户行	中国工商银行迎宾路支行

金额	人民币（大写）壹拾陆万元整	亿	千	百	十	万	千	百	十	元	角	分
			¥	1	6	0	0	0	0	0	0	0

票据种类	转账	张数	1	
票据号码				收款人开户行签章
	复核	记账		

（9）12月11日，财务部职工李军报销差旅费1 720元（出差前向公司借款1 600元，参见其他应收款明细账期初余额），以现金支付120元。

费用报销单

部门：财务部　　　　　　　2015 年 12 月 11 日　　　　　单据及附件共 6 页

用途	金额	备注	
交通费	¥600.00		
住宿费	¥700.00		
伙食费	¥420.00	领导审批	张亮 2015 年 12 月 08 日
合计	¥1 720.00		
金额大写：壹仟柒佰贰拾元整	原借款：¥1 600.00 元	应退（补）款：¥120.00 元	

（现金付讫）

会计主管：刘婷　　　　　会计：张娜　　　　　制表：刘楠

陕西省有奖网络在线通用发票（西安）

开票日期：2015 年 12 月 10 日　　　发 票 联　　　发票代码 261011300651

付款单位（个人）：HWD 食品厂	发票号码 06854563
行业类别：服务业　　机打票号 26101130065106854563	密码区
查询码：60797801902052738089　防伪码：50255095172145432714	
项目　旅店业住宿费　　　　　　金额 700.00	
合计（大写）柒佰元整　　　　　小写：¥700.00 元	
备注：发票接收方可登录陕西地税 www.12366sds.gov.cn 进行真伪查询，如查询结果与票面不一致，请通过拨打陕西地税 12366 进行举报	
收款单位税号：61010383890427	开票人：王佳
收款单位：（盖章有效）陕西 CA 明珠酒店	

210D039880	210D039875
西安 站　K8188　→　榆林 站	榆林 站　K8168　→　西安 站
Xi'an　　　　　　　　　Yulin	Yulin　　　　　　　　　Xi'an
2015 年 12 月 10 日 09:00 开　09 车 14 号下铺	2015 年 12 月 06 日 11:00 开　11 车 12 号下铺
￥300 元　　　　　新空调硬卧	￥300 元　　　　　新空调硬卧
限乘当日当次车	限乘当日当次车
612724********3867 李军	612724********3867 李军
中国铁路祝您旅途愉快	中国铁路祝您旅途愉快
39473312100226D039956　西安站售	39473312100226D039947　榆林站售

陕西省西安市餐饮娱乐业定额发票

发票联　　　　　　　西安地税（99A）

客户名称：　　　　　　　　No.5665510

金额：贰佰元

收款单位：

收款人：

2015 年 12 月 07 日

报销凭证

陕西省西安市餐饮娱乐业定额发票

发票联　　　　　　　西安地税（99A）

客户名称：　　　　　　　　No.5665513

金额：贰佰元

收款单位：

收款人：

2015 年 12 月 08 日

报销凭证

陕西省西安市餐饮娱乐业定额发票

发票联　　　　　　　西安地税（99A）

客户名称：　　　　　　　　No.5665516

金额：贰拾元

收款单位：

收款人：

2015 年 12 月 09 日

报销凭证

（10）12月12日，以银行存款上缴11月份应交的城建税2 800元，教育费附加1 200元。

中国建设银行人民路支行	银行电子缴税付款凭证		NO:5698689
转账日期：2015年12月12日			
纳税人全称及纳税人识别号： 付款人全称：HWD食品厂 付款人账号：20063612 付款人开户银行：中国建设银行人民路支行 小写（合计）金额：¥4 000.00 大写（合计）金额：肆仟元整		征收机关名称：榆林市榆阳区地方税务局 收款国库（银行）名称：中国银行榆阳支行 缴款书交易流水号：366554844465734 税票号码：3635574	
税（费）种名称	所属时期		实缴金额：
城市维护建设税	2015.11.1—2015.11.30		2 800
教育费附加	2015.11.1—2015.11.30		1 200
第1次打印	打印时间：2015年12月12日		
复核		记账	

第二联 作付款回单（无银行收讫章无效）

（11）12月15日，向HRZ超市销售面包100件，单价950元，计95 000元，增值税16 150元，货款已存入银行。

陕西省增值税专用发票

发 票 联

开票日期：2015年12月15日　　No.610152768

购货 单位	名　称	榆林HRZ超市			纳税人登记号							612724010356700									
	地址、电话	陕西省榆林市人民路35号			开户银行及账号							中国建设银行人民路支行 20010228									
货物或劳务名称	规格型号	计量 单位	数量	单价	金　额								税率%	税　额							
					百	十	万	千	百	十	元	角	分		百	十	万	千	百	十	元	角	分
面包		件	100	950	¥		9	5	0	0	0	0	0	17	¥		1	6	1	5	0	0	0
合　计					¥		9	5	0	0	0	0	0		¥		1	6	1	5	0	0	0
价税合计	壹拾壹万壹仟壹佰伍拾元整				¥ 111 150.00																		
备注																							
销货 单位	名　称	HWD食品厂			税务登记号							612724010758643									
	地址、电话	陕西省榆林市柳营路7号			开户银行及账号							中国建设银行人民路支行 20063612									

收款人：　　　　复核：　　　　开票：高敏　　　　销售方：（章）

产品出库单

收货单位：　　　　　　　　2015 年 12 月 15 日　　　　　　　　第 1204 号

产品名称	计量单位	数量	单位成本	金　额
面包	件	100	700	7 000.00
合　计				7 000.00

记账：张娜　　　　　保管：　　　　　检验：　　　　　经手：李涛

中国建设银行

2015 年 12 月 15 日

付款人账号：20010228　　　　　　付款人名称：HRZ 超市
收款人账号：20063612　　　　　　收款人名称：HWD 食品厂
付款人开户行行号：07135　　　　　收款人开户行行号：07135
发起行名称：中国建设银行人民路支行　　接受行名称：中国建设银行人民路支行
币种：人民币　　　交易金额：￥111 150.00
大写金额：壹拾壹万壹仟壹佰伍拾元整
业务种类：转账
交易日期：20151215　　　　支付交易序号：66798436
交易种类：大额　　　　　　入账日志号：405648876
委托凭证日期：20151215　　委托凭证号码：151215120

（12）12 月 17 日，接到银行通知，收回 HRZ 超市货款 100 000 元。

中国建设银行

2015 年 12 月 17 日

付款人账号：20010228　　　　　　付款人名称：HRZ 超市
收款人账号：20063612　　　　　　收款人名称：HWD 食品厂
付款人开户行行号：07135　　　　　收款人开户行行号：07135
发起行名称：中国建设银行人民路支行　　接受行名称：中国建设银行人民路支行
币种：人民币　　　交易金额：￥100 000.00
大写金额：壹拾万元整
业务种类：转账
交易日期：20151217　　　　支付交易序号：66798443
交易种类：大额　　　　　　入账日志号：405648882
委托凭证日期：20151217　　委托凭证号码：151217115

（13）12 月 19 日，向 HMT 超市销售蛋糕 160 件，单价 1 000 元，计 160 000 元，增值税 27 200 元，货款尚未收回。

产品出库单

收货单位：HMT超市　　　　2015年12月19日　　　　　　　　　　　　第1204号

产品名称	计量单位	数量	单位成本	金额
蛋糕	件	160	800	128 000.00
合计				128 000.00

记账：张娜　　　　保管：　　　　检验：　　　　经手：李涛

陕西省增值税专用发票
发票联

开票日期：2015年12月19日　　　　　　　　　No. 610152789

购货单位	名称	HMT超市			纳税人登记号			612724010356758													
	地址、电话	陕西省榆林市文化路6号			开户银行及账号			中国建设银行人民路支行 20847364													

货物或劳务名称	规格型号	计量单位	数量	单价	金额 百十万千百十元角分									税率(%)	税额 百十万千百十元角分						
蛋糕		件	160	1000			¥	1	6	0	0	0	0	00	17		¥	2	7	2	0	0	00
合计							¥	1	6	0	0	0	0	00			¥	2	7	2	0	0	00
价税合计	壹拾捌万柒仟贰佰元整																¥ 187 200.00					
备注																					

销货单位	名称	HWD食品厂	税务登记号	612724010758643
	地址、电话	陕西省榆林市柳营路7号	开户银行及账号	中国建设银行发票路支行 20063612

收款人：　　　　复核：　　　　开票：高敏　　　　销售方：（章）

（14）12月21日，以银行存款支付宣传广告费用10 000元。

中国建设银行转账支票存根	中国建设银行　　转账支票　　陕　　支票号码612724012132										
支票号码 612724012132	出票日期：贰零壹伍年壹拾贰月贰拾壹日　　付款行名称：中国建设银行人民路支行										
附加信息_____	收款人：LD广告公司　　　　　　　　　　　出票人账号：20063612										
出票日期 2015年12月21日	人民币	亿	千	百	十	万	千	百	十	元	角	分
收款人：LD广告公司	（大写）壹万元整					¥1	0	0	0	0	0	0
金额：¥10 000.00	用途：广告费											
用途：广告费	上列款项请从我账户内支付	科目（借）_____ 对方科目（贷）_____										
单位主管：　　会计：	出票人签章　　　　　　　复核　　　　记账											

（15）12月23日，以银行存款支付电费3 800元（其中生产车间3 200元，管理部门600元），增值税646元。

陕西省增值税专用发票
发票联

开票日期：2015年12月23日　　　　　　　　　　　　　　　　No. 610152668

购货单位	名称	HWD食品厂			纳税人登记号					612724010758643											
	地址、电话	陕西省榆林市柳营路7号			开户银行及账号					中国建设银行人民路支行 20063612											

货物或劳务名称	规格型号	计量单位	数量	单价	金额 百十万千百十元角分	税率(%)	税额 百十万千百十元角分
电费		度	7 600	0.5	¥ 3 8 0 0 0 0	17	¥ 6 4 6 0 0
合　计					¥ 3 8 0 0 0 0		¥ 6 4 6 0 0
价税合计	肆仟肆佰肆拾陆元整				¥ 4 446.00		
备　注							

销货单位	名称	榆林市供电公司	税务登记号	612724011706635
	地址、电话	陕西省榆林市长城路6号	开户银行及账号	中国建设银行新建支行 610224

收款人：　　　　复核：　　　　开票：马红　　　　销售方：（章）

中国建设银行转账支票存根	中国建设银行　　转账支票　　陕 支票号码 612724012133
支票号码 612724012133	出票日期：贰零壹伍年壹拾贰月贰拾叁日　　付款行名称：中国建设银行人民路支行
附加信息_____	收款人：榆林市供电公司　　出票人账号：20063612
出票日期 2015年12月23日	人民币　亿千百十万千百十元角分　¥ 4 4 4 6 0 0
收款人：榆林市供电公司	（大写）肆仟肆佰肆拾陆元整
金额：¥ 4 446.00	用途：电费　　　　　　　　　　科目（借）_____
用途：电费	上列款项请从我账户内支付　　　对方科目（贷）_____
单位主管：　会计：	出票人签章　　　　　　　复核　　　　记账

（16）12月25日，以现金支付明年书报费1 200元。

收款收据

现金 账户　　　　　　　2015年12月25日　　　　　　　No.0024356

交款单位	HWD食品厂								
摘　要	书报费								
人民币（大写）	壹仟贰佰元整	亿	千	百	十	万	千	百	十	元	角	分
							¥	1	2	0	0	0	0

主管：张强　　会计：徐敏　　出纳：李丽　　制票：王力　　复核：张涛

（17）12月27日，以银行存款向希望工程捐赠5 000元。

中国建设银行转账支票存根　　　中国建设银行　转账支票　　陕　支票号码612724012136

支票号码 612724012136　出票日期：贰零壹伍年壹拾贰月贰拾柒日　付款行名称：中国建设银行人民路支行
附加信息_____　　收款人：希望工程　　出票人账号：20063612

出票日期 2015年12月27日

人民币	亿	千	百	十	万	千	百	十	元	角	分
（大写）伍仟元整						¥	5	0	0	0	0	0

收款人：希望工程　　　　用途：捐赠　　　　科目（借）_____
金额：¥5 000.00　　　　上列款项请　　　　对方科目（贷）_____
用途：捐赠　　　　　　　我账户内支付
单位主管：　　会计：　　财务专用人签章　　复核　　　　记账

（18）12月30日，结转本月应付职工工资99 000元，其中蛋糕工人工资50 000元，面包工人工资30 000元，生产车间管理人员工资4 000元，企业管理人员工资15 000元。

工资费用分配表

车间部门		应分配金额
车间生产	蛋糕工人工资	50 000
	面包工人工资	30 000
车间管理人员		4 000
行政管理人员		15 000
合计		99 000

会计主管：刘婷　　　　会计：张娜　　　　制表：刘楠

（19）12月31日，按工资总额的14%提取职工福利费。

职工福利费计提表

2015 年 12 月 31 日　　　　　　　　　　　　　　　单位：元

应借账户	工资总额	计提比例	计提金额
生产成本——蛋糕	50 000	14%	7 000
生产成本——面包	30 000	14%	4 200
制造费用	4 000	14%	560
管理费用	15 000	14%	2 100
合计	99 000	14%	13 860

会计主管：刘婷　　　　　会计：张娜　　　　　制表：刘楠

（20）12月31日，计提本月的固定资产折旧费10 000元，其中生产车间8 000元，管理部门2 000元。

固定资产折旧计算表

2015 年 12 月 31 日　　　　　　　　　　　　　　　单位：元

使用部门	本月应计提的折旧额
生产车间	8 000
行政部门	2 000
合　计	10 000

会计主管：刘婷　　　　　会计：张娜　　　　　制表：刘楠

（21）12月31日，摊销本月应负担的书报费120元。

待摊费用分配表

2015 年 12 月 31 日　　　　　　　　　　　　　　　单位：元

车间部门项目	报纸杂志费
厂部	120
合计	120

会计主管：刘婷　　　　　会计：张娜　　　　　制表：刘楠

（22）12月31日，计算本月应负担的借款利息1 000元。

银行借款利息计提计算表

2015 年 12 月 31 日　　　　　　　　　　　　　　　单位：元

借款金额	月利率	应提利息
125 000	0.8%	1 000

会计主管：刘婷　　　　　会计：张娜　　　　　制表：刘楠

(23) 12月31日，按生产工人工资比例分配并结转本月制造费用 17 760 元。

制造费用分配表

2015 年 12 月 31 日　　　　　　　　　　　　　　　　单位：元

分配对象	分配标准（工资）	分配率	分配金额
面包	30 000	0.222	6 660
蛋糕	50 000	0.222	11 100
合计	10 000	0.222	17 760

会计主管：刘婷　　　　　　　　会计：张娜　　　　　　　　制表：刘楠

(24) 12月31日，生产完工面包 200 件，蛋糕 150 件（均无在产品），结转本月完工产品生产成本。

完工产品生产成本计算表

2015 年 12 月 31 日　　　　　　　　　　　　　　　　单位：元

成本项目	饼干 件		面包 200 件		蛋糕 150 件	
	单位成本	总成本	单位成本	总成本	单位成本	总成本
直接材料			481.7	96 340	306	45 900
直接人工			165	33 000	373	56 000
制造费用			53.3	10 660	121	18 100
合　计			700	140 000	800	120 000

会计主管：刘婷　　　　　　　　会计：张娜　　　　　　　　制表：刘楠

(25) 12月31日，结转本月已售产品成本（蛋糕单位成本为 800 元，面包单位成本为 700 元）。

产品销售成本计算表

2015 年 12 月 31 日　　　　　　　　　　　　　　　　单位：元

名　称	计量单位	本月销售成本		
		数量	单价	金额
面包	件	100	700	7 000
蛋糕	件	160	800	128 000
合计				135 000

会计主管：刘婷　　　　　　　　会计：张娜　　　　　　　　制表：刘楠

（26）12月31日，计算本月应交城市维护建设税2 378.5元，教育费附加1 697.5元。

营业税金及附加计提表

日期 2015 年 12 月　　　　　　　　　　　　　　金额单位：元

本月应交增值税	33 950	
应交城市维护建设税	本月增值税×城市维护建设税税率（7%），33 950×7%	2 378.5
应交教育费附加	本月增值税×教育费附加税率（3%），33 950×3%	1 018.5
应交地方教育费附加	本月增值税×地方教育费附加税率（2%），33 950×2%	679
合　计		4 074

会计主管：刘婷　　　　　　　会计：张娜　　　　　　　制表：刘楠

（27）12月31日，结转本月收入类各账户。

（28）12月31日，结转本月费用类各账户。

（29）12月31日，按本年利润总额的25%计算所得税（假设"利润总额=应纳税所得额"）。

（30）12月31日，结转本年所得税费用。

（31）12月31日，结转本年税后利润（净利润）。

（32）12月31日，按税后利润的10%计提法定盈余公积金。

（33）12月31日，企业决定向投资者分配利润8 000元。

（34）12月31日，结转已分配利润。

附录 《会计基础工作规范》摘要

第二节 填制会计凭证

第四十七条 各单位办理本规范第三十七条规定的事项,必须取得或者填制原始凭证,并及时送交会计机构。

第四十八条 原始凭证的基本要求是:

(一)原始凭证的内容必须具备:凭证的名称;填制凭证的日期;填制凭证单位名称或者填制人姓名;经办人员的签名或者盖章;接受凭证单位名称;经济业务内容;数量、单价和金额。

(二)从外单位取得的原始凭证,必须盖有填制单位的公章;从个人取得的原始凭证,必须有填制人员的签名或者盖章。自制原始凭证必须有经办单位领导人或者其指定的人员签名或者盖章。对外开出的原始凭证,必须加盖本单位公章。

(三)凡填有大写和小写金额的原始凭证,大写与小写金额必须相符。购买实物的原始凭证,必须有验收证明。支付款项的原始凭证。必须有收款单位和收款人的收款证明。

(四)一式几联的原始凭证,应当注明各联的用途,只能以一联作为报销凭证。

一式几联的发票和收据,必须用双面复写纸(发票和收据本身具备复写纸功能的除外)套写,并连续编号。作废时应当加盖"作废"戳记,连同存根一起保存,不得撕毁。

(五)发生销货退回的,除填制退货发票外,还必须有退货验收证明;退款时,必须取得对方的收款收据或者汇款银行的凭证,不得以退货发票代替收据。

(六)职工公出借款凭据,必须附在记账凭证之后。收回借款时,应当另开收据或者退还借据副本,不得退还原借款收据。

(七)经上级有关部门批准的经济业务,应当将批准文件作为原始凭证附件;如果批准文件需要单独归档的,应当在凭证上注明批准机关名称、日期和文件字号。

第四十九条 原始凭证不得涂改、挖补。发现原始凭证有错误的,应当由开出单位重开或者更正,更正处应当加盖开出单位的公章。

第五十条 会计机构、会计人员要根据审核无误的原始凭证填制记账凭证。

记账凭证可以分为收款凭证、付款凭证和转账凭证,也可以使用通用记账凭证。

第五十一条 记账凭证的基本要求是:

(一)记账凭证的内容必须具备:填制凭证的日期;凭证编号;经济业务摘要;会计科目;金额;所附原始凭证张数;填制凭证人员、稽核人员、记账人员、会计机构负责人、会计主管人员签名或者盖章。收款和付款记账凭证还应当由出纳人员签名或者盖章。

以自制的原始凭证或者原始凭证汇总表代替记账凭证的，也必须具备记账凭证应有的项目。

（二）填制记账凭证时，应当对记账凭证进行连续编号。一笔经济业务需要填制两张以上记账凭证的，可以采用分数编号法编号。

（三）记账凭证可以根据每一张原始凭证填制，或者根据若干张同类原始凭证汇总填制，也可以根据原始凭证汇总表填制。但不得将不同内容和类别的原始凭证汇总填制在一张记账凭证上。

（四）除结账和更正错误的记账凭证可以不附原始凭证外，其他记账凭证必须附有原始凭证。如果一张原始凭证涉及几张记账凭证，可以把原始凭证附在一张主要的记账凭证后面，并在其他记账凭证上注明附有该原始凭证的记账凭证的编号或者附原始凭证复印机。

一张复始凭证所列支出需要几个单位共同负担的，应当将其他单位负担的部分，开给对方原始凭证分割单，进行结算。原始凭证分割单必须具备原始凭证的基本内容：凭证名称、填制凭证日期、填制凭证单位名称或者填制人姓名、经办人的签名或者盖章、接受凭证单位名称、经济业务内容、数量、单价、金额和费用分摊情况等。

（五）如果在填制记账凭证时发生错误，应当重新填制。

已经登记入账的记账凭证，在当年内发现填写错误时，可以用红字填写一张与原内容相同的记账凭证，在摘要栏注明"注销某月某日某号凭证"字样，同时再用蓝字重新填制一张正确的记账凭证，注明"订正某月某日某号凭证"字样。如果会计科目没有错误，只是金额错误，也可以将正确数字与错误数字之间的差额，另编一张调整的记账凭证，调增金额用蓝字，调减金额用红字。发现以前年度记账凭证有错误的，应当用蓝字填制一张更正的记账凭证。

（六）记账凭证填制完经济业务事项后，如有空行，应当自金额栏最后一笔金额数字下的空行处至合计数上的空行处划线注销。

第五十二条　填制会计凭证，字迹必须清晰、工整，并符合下列要求：

（一）阿拉伯数字应当一个一个地写，不得连笔写。阿拉伯金额数字前面应当书写货币市种符号或者货币名称简写和市种符号。币种符号与阿拉伯金额数字之间不得留有空白。凡阿拉伯数字前写有市种符号的，数字后面不再写货币单位。

（二）所有以元为单位（其他货币种类为货币基本单位，下同）的阿拉伯数字，除表示单价等情况外，一律填写到角分；元角分的，角位和分位可写"00"，或者符号"——"；有角无分的，分位应当写"0"，不得用符号"——"代替。

（三）汉字大写数字金额如零、壹、贰、叁、肆、伍、陆、柒、捌、玖、拾、佰、仟、万、亿等，一律用正楷或者行书体书写，不得用0、一、二、三、四、五、六、七、八、九、十等简化字代替，不得任意自造简化字。大写金额数字到元或者角为止的，在"元"或者"角"字之后应当写"整"字或者"正"字；大写金额数字有分的，分字后面不写"整"或者"正"字。

（四）大写金额数字前未印有货币名称的，应当加填货币名称，货币名称与金额数字之间不得留有空白。

（五）阿拉伯金额数字中间有"0"时，汉字大写金额要写"零"字；阿拉伯数字金额中间连续有几个"0"时，汉字大写金额中可以只写一个"零"字；阿拉伯金额数字元位是"0"，或者数字中间连续有几个"0"、元位也是"0"但角位不是"0"时，汉字大写金额可以只写一个"零"字，也可以不写"零"字。

第五十三条　实行会计电算化的单位，对于机制记账凭证，要认真审核，做到会计科目使用正确，数字准确无误。打印出的机制记账凭证要加盖制单人员、审核人员、记账人员及会计机构负责人、会计主管人员印章或者签字。

第五十四条　各单位会计凭证的传递程序应当科学、合理，具体办法由各单位根据会计业务需要自行规定。

第五十五条　会计机构、会计人员要妥善保管会计凭证。

（一）会计凭证应当及时传递，不得积压。

（二）会计凭证登记完毕后，应当按照分类和编号顺序保管，不得散乱丢失。

（三）记账凭证应当连同所附的原始凭证或者原始凭证汇总表，按照编号顺序，折叠整齐，按期装订成册，并加具封面，注明单位名称、年度、月份和起讫日期、凭证种类、起讫号码，由装订人在装订线封签外签名或者盖章。

对于数量过多的原始凭证，可以单独装订保管，在封面上注明记账凭证日期、编号、种类，同时在记账凭证上注明"附件另订"和原始凭证名称及编号。

各种经济合同、存出保证金收据以及涉外文件等重要原始凭证，应当另编目录，单独登记保管，并在有关的记账凭证和原始凭证上相互注明日期和编号。

（四）原始凭证不得外借，其他单位如因特殊原因需要使用原始凭证时，经本单位会计机构负责人、会计主管人员批准，可以复制。向外单位提供的原始凭证复制件，应当在专设的登记簿上登记，并由提供人员和收取人员共同签名或者盖章。

（五）从外单位取得的原始凭证如有遗失，应当取得原开出单位盖有公章的证明，并注明原来凭证的号码、金额和内容等，由经办单位会计机构负责人、会计主管人员和单位领导人批准后，才能代作原始凭证。如果确实无法取得证明的，如火车、轮船、飞机票等凭证，由当事人写出详细情况，由经办单位会计机构负责人、会计主管人员和单位领导人批准后，代作原始凭证。

第三节　登记会计账簿

第五十六条　各单位应当按照国家统一会计制度的规定和会计业务的需要设置会计账簿。会计账簿包括总账、明细账、日记账和其他辅助性账簿。

第五十七条　现金日记账和银行存款日记账必须采用订本式账簿。不得用银行对账单或者其他方法代替日记账。

第五十八条　实行会计电算化的单位，用计算机打印的会计账簿必须连续编号，经审核无误后装订成册，并由记账人员和会计机构负责人、会计主管人员签字或者盖章。

第五十九条　启用会计账簿时，应当在账簿封面上写明单位名称和账簿名称。在账簿扉页上应当附启用表，内容包括：启用日期、账簿页数、记账人员和会计机构负责人、会计主管人员姓名，并加盖名章和单位公章。记账人员或者会计机构负责人、会计主管人员调动工作时，应当注明交接日期、接办人员或者监交人员姓名，并由交接双方人员签名或者盖章。

启用订本式账簿，应当从第一页到最后一页顺序编定页数，不得跳页、缺号。使用活页式账页，应当按账户顺序编号，并须定期装订成册。装订后再接实际使用的账页顺序编定页码。另加目录，记明每个账户的名称和页次。

第六十条　会计人员应当根据审核无误的会计凭证登记会计账簿。登记账簿的基本要求是：

（一）登记会计账簿时，应当将会计凭证日期、编号、业务内容摘要、金额和其他有关资料逐项记入账内；做到数字准确、摘要清楚、登记及时、字迹工整。

（二）登记完毕后，要在记账凭证上签名或者盖章，并注明已经登账的符号，表示已经记账。

（三）账簿中书写的文字和数字上面要留有适当空格，不要写满格；一般应占格距的二分之一。

（四）登记账簿要用蓝黑墨水或者碳素墨水书写，不得使用圆珠笔（银行的复写账簿除外）或者铅笔书写。

（五）下列情况，可以用红色墨水记账：

1. 按照红字冲账的记账凭证，冲销错误记录；
2. 在不设借贷等栏的多栏式账页中，登记减少数；
3. 在三栏式账户的余额栏前，如未印明余额方面的，在余额栏内登记负数余额；
4. 根据国家统一会计制度的规定可以用红字登记的其他会计记录。

（六）各种账簿按页次顺序连续登记，不得跳行、隔页。如果发生跳行、隔页，应当将空行、空页划线注销，或者注明"此行空白""此页空白"字样，并由记账人员签名或者盖章。

（七）凡需要结出余额的账户，结出余额后。应当在"借或贷"等栏内写明"借"或者"贷"等字样。没有余额的账户，应当在"借或贷"等栏内写"平"字，并在余额栏内用"0"表示。

现金日记账和银行存款日记账必须逐日结出余额。

（八）每一账页登记完毕结转下页时，应当结出本页合计数及余额，写在本页最后一行和下页第一行有关栏内，并在摘要栏内注明"过次页"和"承前页"字样；也可以将本页合计数及金额只写在下页第一行有关栏内，并在摘要栏内注明"承前页"字样。

对需要结计本月发生额的账户，结计"过次页"的本页合计数应当为自本月初起至本页末止的发生额合计数；对需要结计本年累计发生额的账户，结计"过次页"的本页合计数应当为自年初起至本页末止的累计数；对既不需要结计本月发生额也不需要结计本年累计发生额的账户，可以只将每页末的余额结转次页。

第六十一条　实行会计电算化的单位，总账和明细账应当定期打印。

发生收款和付款业务的，在输入收款凭证和付款凭证的当天必须打印出现金日记账和银行存款日记账，并与库存现金核对无误。

第六十二条　账簿记录发生错误，不准涂改、挖补、刮擦或者用药水消除字迹，不准重新抄写，必须按照下列方法进行更正：

（一）登记账簿时发生错误，应当将错误的文字或者数字划红线注销，但必须使原有字迹仍可辨认；然后在划线上方填写正确的文字或者数字，并由记账人员在更正处盖章。对于错误的数字，应当全部划红线更正，不得只更正其中的错误数字。对于文字错误，可只划去错误的部分。

（二）由于记账凭证错误而使账簿记录发生错误，应当按更正的记账凭证登记账簿。

第六十三条　各单位应当定期对会计账簿记录的有关数字与库存实物、货币资金、有价证券、往来单位或者个人等进行相互核对，保证账证相符、账账相符、账实相符。对账工作每年至少进行一次。

（一）账证核对。核对会计账簿记录与原始凭证、记账凭证的时间、凭证字号、内容、金额是否一致，记账方向是否相符。

（二）账账核对。核对不同会计账簿之间的账簿记录是否相符，包括：总账有关账户的余额核对，总账与明细账核对，总账与日记账核对，会计部门的财产物资明细账与财产物资保管和使用部门的有关明细账核对等。

（三）账实核对。核对会计账簿记录与财产等实有数额是否相符。包括：现金日记账账面余额与现金实际库存数相核对；银行存款日记账账面余额定期与银行对账单相核对；各种财物明细账账面余额与财物实存数额相核对；各种应收、应付款明细账账面余额与有关债务、债权单位或者个人核对等。

第六十四条　各单位应当按照规定定期结账。

（一）结账前，必须将本期内所发生的各项经济业务全部登记入账。

（二）结账时，应当结出每个账户的期末余额。需要结出当月发生额的，应当在摘要栏内注明"本月合计"字样，并在下面通栏划单红线。需要结出本年累计发生额的，应当在摘要栏内注明"本年累计"字样，并在下面通栏划单红线；12月末的"本年累计"就是全年累计发生额。全年累计发生额下面应当通栏划双红线。年度终了结账时，所有总账账户都应当结出全年发生额和年末余额。

（三）年度终了，要把各账户的余额结转到下一会计年度，并在摘要栏注明"结转下年"字样;在下一会计年度新建有关会计账簿的第一行余额栏内填写上年结转的余额,并在摘要栏注明"上年结转"字样。

第四节 编制财务报告

第六十五条 各单位必须按照国家统一会计制度的规定,定期编制财务报告。

财务报告包括会计报表及其说明。会计报表包括会计报表主表、会计报表附表、会计报表附注。

第六十六条 各单位对外报送的财务报告应当根据国家统一会计制度规定的格式和要求编制。

单位内部使用的财务报告,其格式和要求由各单位自行规定。

第六十七条 会计报表应当根据登记完整、核对无误的会计账簿记录和其他有关资料编制,做到数字真实、计算准确、内容完整、说明清楚。

任何人不得篡改或者授意、指使、强令他人篡改会计报表的有关数字。

第六十八条 会计报表之间、会计报表各项目之间,凡有对应关系的数字,应当相互一致。本期会计报表与上期会计报表之间有关的数字应当相互衔接。如果不同会计年度会计报表中各项目的内容和核算方法有变更的,应当在年度会计报表中加以说明。

第六十九条 各单位应当按照国家统一会计制度的规定认真编写会计报表附注及其说明,做到项目齐全,内容完整。

第七十条 各单位应当按照国家规定的期限对外报送财务报告。

对外报送的财务报告,应当依次编定页码,加具封面,装订成册,加盖公章。封面上应当注明:单位名称,单位地址,财务报告所属年度、季度、月度,送出日期,并由单位领导人、总会计师、会计机构负责人、会计主管人员签名或者盖章。

单位领导人对财务报告的合法性、真实性负法律责任。

第七十一条 根据法律和国家有关规定应当对财务报告进行审计的,财务报告编制单位应当先行委托注册会计师进行审计,并将注册会计师出具的审计报告随同财务报告按照规定的期限报送有关部门。

第七十二条 如果发现对外报送的财务报告有错误,应当及时办理更正手续。除更正本单位留存的财务报告外,并应同时通知接受财务报告的单位更正。错误较多的,应当重新编报。

参考文献

[1] 陈国辉,陈文铭,等.基础会计[M].3版.北京:清华大学出版社,2010.
[2] 戈国莲,江易华.基础会计学[M].北京:首都经济贸易大学出版社,2009.
[3] 李冠军.会计基础实训[M].北京:中国人民大学出版社,2012.